マンガでわかる

IKEDA HEALTH BOOK

1日1回の腹筋でお腹を凹ませる方法

プロトレーナー 中村勝美
マンガ シニオテルヤ・サイドランチ

池田書店

本日の指導を担当するインストラクターの中村です
今日は『お腹凹ませ』の体験コースにお集まりいただきありがとうございます
中村勝美《なかむらかつみ》
さっそくですが皆さんの腹筋のやり方を見せてください
ためしにどなたかにやってもらいたいのですが……
ハイ！
ビシッ
辺見淳史《へんみあつし》(35)
あなた運動経験はある？
えへん
学生時代にサッカーをやってましたから！任せてください！

それじゃいつもやっているように腹筋してみて
はい
ギシギシ
フン フン
1、2、3……
は――……
……
それがあなたの腹筋なんだ？
フーーン？
えっ!?
ゴクッ
ほらここ！ちゃんと締めてる？
バシッ
えっ？締めるって……!?
フフッ教えてあげよう！
キラーン
余計な力が入ってるね腹筋してるのに首が疲れてこない？
！
なんでわかるんですか!?

NGポイント!
NG3
NG1
NG2
つまり……反動や肩と腕の筋力に頼り過ぎで肝心の腹筋が使えていないの!
NG1 反動を使って、ごまかしている!
NG2 上体を起こし過ぎ!
NG3 あごが上がっている!
これじゃ 100回やっても……
お腹なんて割れてこないわ!
……!!
ガーン
正しい腹筋のやり方を知りたければあとでロビーにおいでね
ポン
はい……

小林さんの場合
ホットヨガクラス
はい お疲れ様でした
しっかり水分補給してくださいね
これだけ汗かいたら悪いものぜーんぶ出せたよね
余分な脂肪も落ちたかな
きっと このお腹もくびれるかもしれないね！
きゃっきゃっ
ピタッ
小林佐智《こばやしさち》(32)
キラーン
もしもーし お嬢さんたち
？

汗かいたからって
痩《や》せられるわけじゃないのよ!
ドーーンッ!
水分が出ただけなんだからそのぽこっと出たお腹は変わらないわ!
……!!
ガーンッ
そのお腹を何とかしたいならやっぱり腹筋をしなくちゃね
ひぃぃ
でも……筋トレなんてどうせできないし
ムキムキにしたいわけじゃないから……
それ 間違った思い込みよ!
筋トレ=ムキムキになるわけじゃないの!
……!
そのお腹凹ませたければあとでロビーに来て

村井さんの場合
9……
10……!
はぁ
はぁ……
今日あと
まだやってない
のは…
へろ
へろ
村《むら》井《い》拓《たく》也《や》(42)
あコレコレ
最後に10回やったら
終わりにしよう
ビールが楽しみだ♪
……
キラーン
ああもう！
筋トレが
流れ作業に
なって
いませんか!?
ビクッ
あぁの ジムに来たときに
やるものは決めていて……
それにこれ以上やると
疲れちゃうから……
あまい！ あまい！ あまーい!!
かたちだけのトレーニングを
やっても大した効果は
期待できませんよ!!
まずは体重を
落とさなきゃ！
そのメタボ腹から
抜け出したければ
ロビーまで来て！
ガーン
……!

みんな来てくれたのね！さっきはキツイ言い方をしてごめんなさい
改めて聞きたいんだけど みんなはどうして運動をしようと思ったの？
たるんだお腹を引き締めてかっこよくなりたくて……
できれば割ってみたかったり……
ぽっこりお腹がずっと悩みで
ごにょごにょ
ダイエットしてもお腹だけは凹まなくて……
健康のためにメタボ腹をスッキリさせたいんです
ふー
ふむふむ……3人ともお腹を凹ませたいのね！
はい先生!!
よーし 1人ずつ解決していくわよ！
お腹を凹ませるにはどうすればいいのか？本当に効く腹筋のやり方を教えましょう！
バァーーン！
1日1回でもバッチリ効果が期待できる究極の腹筋よ！一緒にがんばりましょう

Story

最近、お腹のたるみが気になっていた辺見くんは、会社近くのジムに「お腹凹ませ」のクラスが開設されると知り、さっそく体験に行く。そこで、同じ会社の同僚である小林さん、上司の村井さんに遭遇し、共通の悩みを抱えているとわかって意気投合。ともに中村トレーナーの特別指導を受けることに。果たして3人は、希望どおりにお腹を凹ませることができるだろうか……。

登場人物紹介

中村勝美　なかむら かつみ

プロトレーナー。「お腹凹ませ」のエキスパート。口調はキツイが、的確かつ熱い指導がモットー。3人の指導を担当。

辺見淳史　へんみ あつし

35歳。会社員。学生時代はサッカーに没頭していたが、現在は仕事中心の生活で運動不足ぎみ。たるんだ体型をもとに戻すことが目標。

小林佐智　こばやし さち

32歳。会社員。マンガやゲームが大好きで、休日は引きこもりがち。下腹《したばら》だけがぽっこり出ているというのが、密かな悩み。

村井拓也　むらい たくや

42歳。会社員。不規則な食事と長年の運動不足により、完全なる肥満体型に。メタボ診断でもアウトとなり、ついにダイエットを決意。

はじめに

わたしが、トレーニング本の製作に携わらせていただくようになり、かれこれ本書で10冊くらいとなりますが、ご紹介しているトレーニングメニューに関しては1冊目からさほど変わっておりません。というより、むしろよりシンプルになっているかもしれません。

というのも、いかなるトレーニングをやっても、結局のところ、鍛えたい部位である「そこ!!」に効率よく、無駄なく効かせられなければ、効果は出ないからです。お腹を凹

ませたいのであれば、腹筋がまさに「そこ!!」ということになります。

そのためには、自分の身体を自在にコントロールする能力を身につけることが第一です。それさえできていれば必要なトレーニングは、「1日1回」。これぐらいシンプルで十分なのです。

本書では、やってしまいがちだけど実は効果的ではない「トレーニングあるある」をマンガの中で紹介しています。日々の運動指導の現場で見かけることや、お客様から多い質問などにも触れています。

ぜひ楽しみながら、そして「腹筋を鍛える」ではなく「腹筋を自在に使える自分になる!」を目標に取り組んでいただきたいと思っています。

プロトレーナー　中村勝美

マンガでわかる　1日1回の腹筋でお腹を凹ませる方法　もくじ

第1章

どうすればお腹は凹むのか?

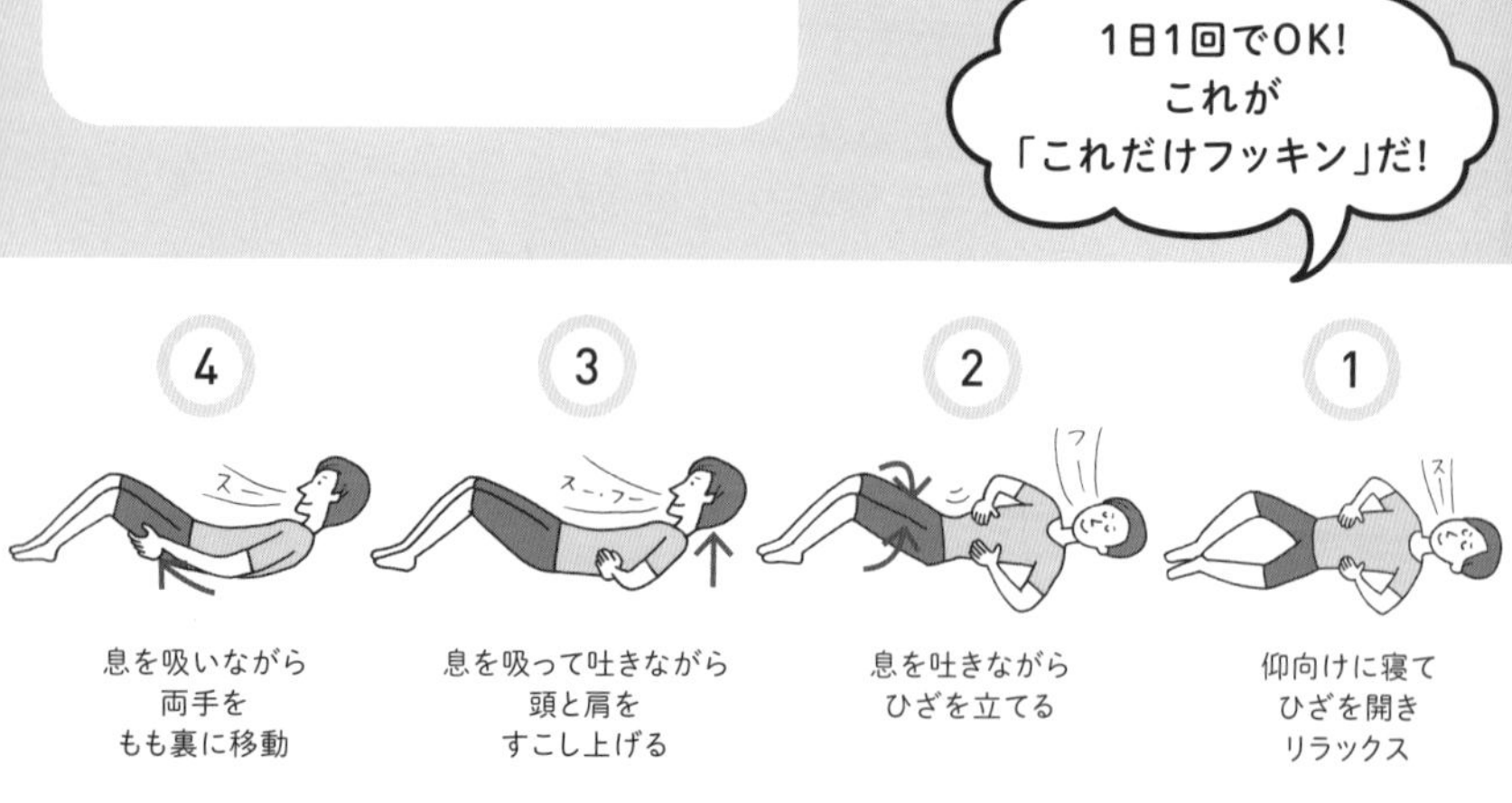

1日1回でOK!
これが
「これだけフッキン」だ!
1
仰向けに寝て
ひざを開き
リラックス
2
息を吐きながら
ひざを立てる
3
息を吸って吐きながら
頭と肩を
すこし上げる
4
息を吸いながら
両手を
もも裏に移動

第2章

お腹は締めてから凹ませる

第3章

究極の腹凹トレーニング［これだけフッキン］

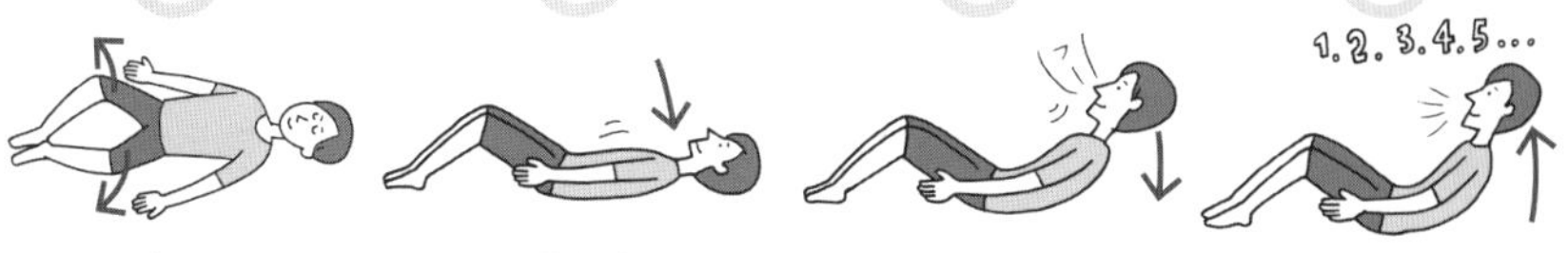

5
お腹を縮めて
上半身を起こし
息を吸いながらキープ

6
縮めていた
お腹を伸ばし
背中を床につける

7
背中が
床につくまで
上半身を下ろす

8
ひざを開き
リラックス

続きは次ページに!

第4章 いつでもどこでもできる［お腹凹ませ生活］

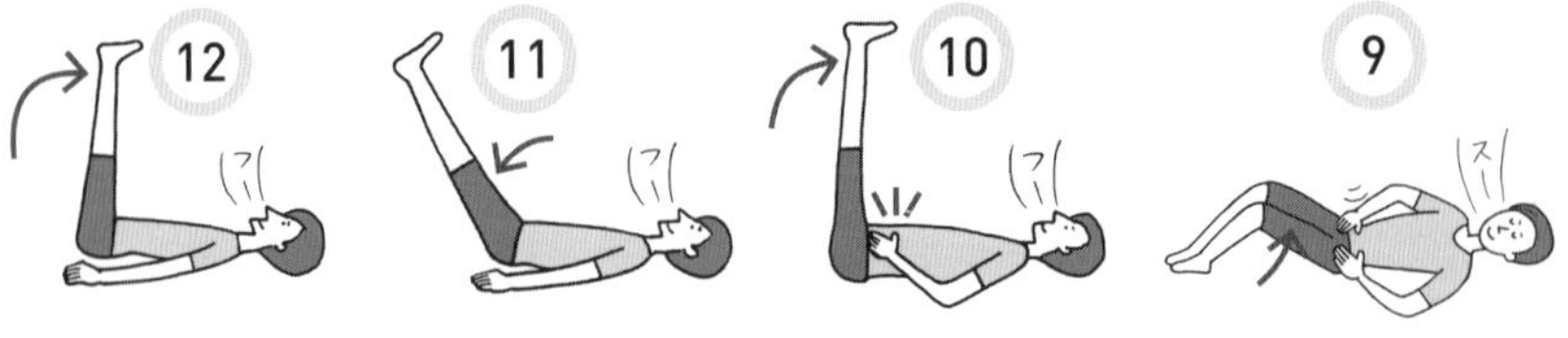

9 両ひざを立てる

10 息を吐きながら両脚を上げて揃える

11 息を吸って吐きながら脚を下ろし途中でキープ

12 脚をもとの位置まで戻して終了！

詳しい解説は96ページへGO!

第1章

どうすればお腹は凹むのか？

お腹が出てくる原因は、それぞれの生活習慣によって異なります。
まずは、お腹が出てくるメカニズムを知ることからはじめましょう。

実は同じ会社の3人
おはようございます！3人とも来てくれたのね
キリッ
はい 覚悟決めました！
どうしたの？元気ないじゃない
いや〜 いったい何がはじまるんだろうと思って……
たじたじ
辺見くんは……この締まりのないお腹を何とかしたいのよね!?
残念ながらカッコ悪いもの！
うっ……
あはは

小林さんも同じよ！
ビクッ
服の上からだとお腹は気にならないけど……お腹の調子がよくないみたいね
もしかして便秘？
ずいっ
そ……そうです……
なんでわかるの!?
クルッ
村井さんは……
レベルがちがう
どーーーん
あははそうですよねぇ
でも村井さんが特別なのではなく辺見くんと小林さんもお腹の出方はぜんぜんちがいます！
秘
何がちがうのかどうちがうのかは日常生活を見ればわかりますよ

最近の辺見くん
30代半ばになり会社では責任ある立場を任されるようになり……
連日残業の日々
カタ
カタ
仕事はデスクワーク中心でほぼ一日中パソコンに向かっている
少々お疲れモード
フラ
フラ
20代のころはこんな感じじゃなかったのになぁ……

月に数回は仲間と
フットサルをやったり
たまにはみんなで
ビールを飲んだり……
筋肉が落ちて
たるんだお腹……
気に入ってた服も
パツパツ……
それが
今は……
このだらしない
お腹かっこよく
引き締めたい
なぁ……！
う〜ん

続きは、26ページで！

最近の小林さん

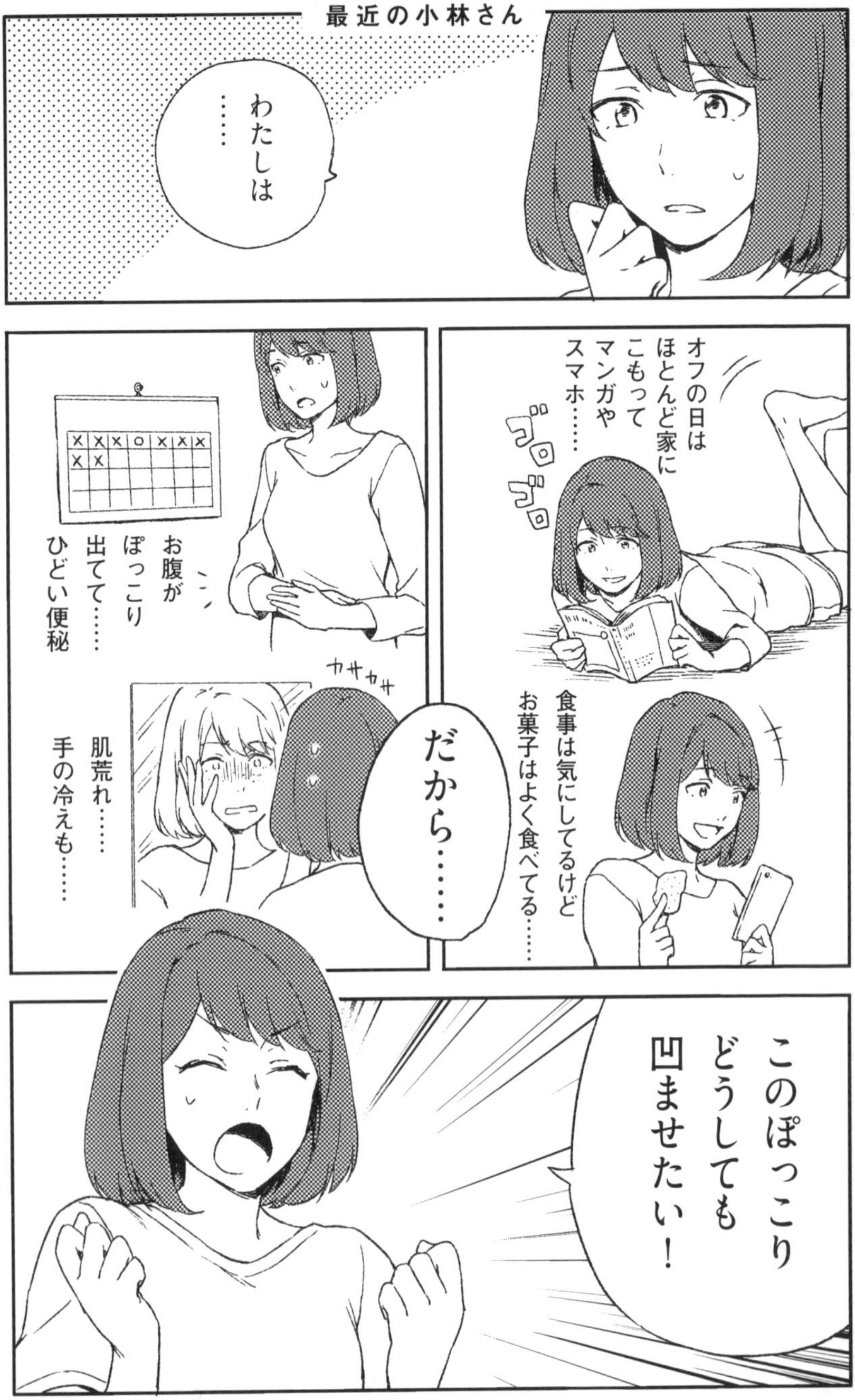
わたしは……
オフの日はほとんど家にこもってマンガやスマホ……
ゴロゴロ
食事は気にしてるけどお菓子はよく食べてる……
お腹がぽっこり出ててひどい便秘
カサカサ
肌荒れ…… 手の冷えも……
だから……
このぽっこりどうしても凹ませたい!

続きは、34ページで!

最近の村井さん

僕は……
食べたいときに 食べたいものを 食べるのがモットー! ビール ラーメン どんぶり 大好き!
近い距離でも タクシー 使っちゃう……
健康診断の結果は メタボ
お医者さんにも このまま何もしなければ 早死にしますよといわれ……
そしたら……
お腹まわりの 脂肪を落としたい いや 落とさなきゃ!

続きは、42ページで!

どうしてお腹だけが出てくるの？

お腹の脂肪も仕事をしている？

マンガの辺見くん、小林さん、村井さんは、年代も性別もちがう3人で、生活スタイルも三者三様です。

でも、そんな3人に共通しているのは、「気になるお腹を何とかしたい」という、ささやかながらも切実な〝お腹凹ませ〟願望です。

お腹の出方が人によって異なるのは、個々の生活スタイルがそれぞれちがった要因として影響しているから。お腹には、その人の運動習慣や食生活がそのまま表れます。3人のお腹の出方と生活スタイルとの関連性を見ながら、1人ずつ紐解《ひもと》いていきましょう。

そもそも、なぜお腹は太りやすいのでしょうか。

人の身体は、頭から手足の先まで、約230本もの骨が連なって骨格を形成しています。その骨は、脳や心臓といった重要な臓器を守る役割を果たしています。ところが、胃や腸など消化器系の臓器のあるお腹には骨がなく、その代役を筋肉が担っています。

そして、**お腹まわりの筋肉の量が減ると、筋肉の代わりに脂肪が臓器を守ろうとします。**

だからお腹まわりは、ほかの部位に比べて脂肪がつきやすいのです。

それにしても、「食べる量はそれほど変わっていないのに、近ごろお腹が出てきた」とか「若いころは太ってきたと思っても、ちょっと気をつければすぐにもとに戻せたのに戻らなくなった」とか、年をとるにつれてそんな変化を感じている人も少なくないのでは？

これは、ご存知の方も多いと思いますが、**加齢によって、基礎代謝《きそたいしゃ》が低下していることが原因のひとつとしてあげられます。**

基礎代謝とは、人間が生きるために必要なエネルギー量のことで、30歳を超えたぐらいから次第に低下しはじめます。つまり、年齢が上がって代謝が下降傾向にあるにもかかわらず、10代、20代のころと変わらない量の食事を摂っていれば、摂取したエネルギーが消費しきれず、脂肪として蓄積されてしまうのも当然というわけです。

そして、このエネルギー消費に大きくかかわっているのが、筋肉です。

筋肉は、人間の身体の中でも、脳や臓器などについで、多くのエネルギーを消費します。

人は何もしなければ、70代では20代の7割近くまで筋肉量が減少します。加齢による基礎代謝の低下は、加齢による筋肉量の減少によるもの、ともいえるのです。しかし、逆にいえば、歳を重ねても筋肉量を維持できれば、代謝の低下を食い止めることができるのです。

生活が便利になるほど脂肪をため込みやすくなる

消費カロリーに対して、摂取カロリーが多過ぎ

基礎代謝量（平均値）の年齢変化

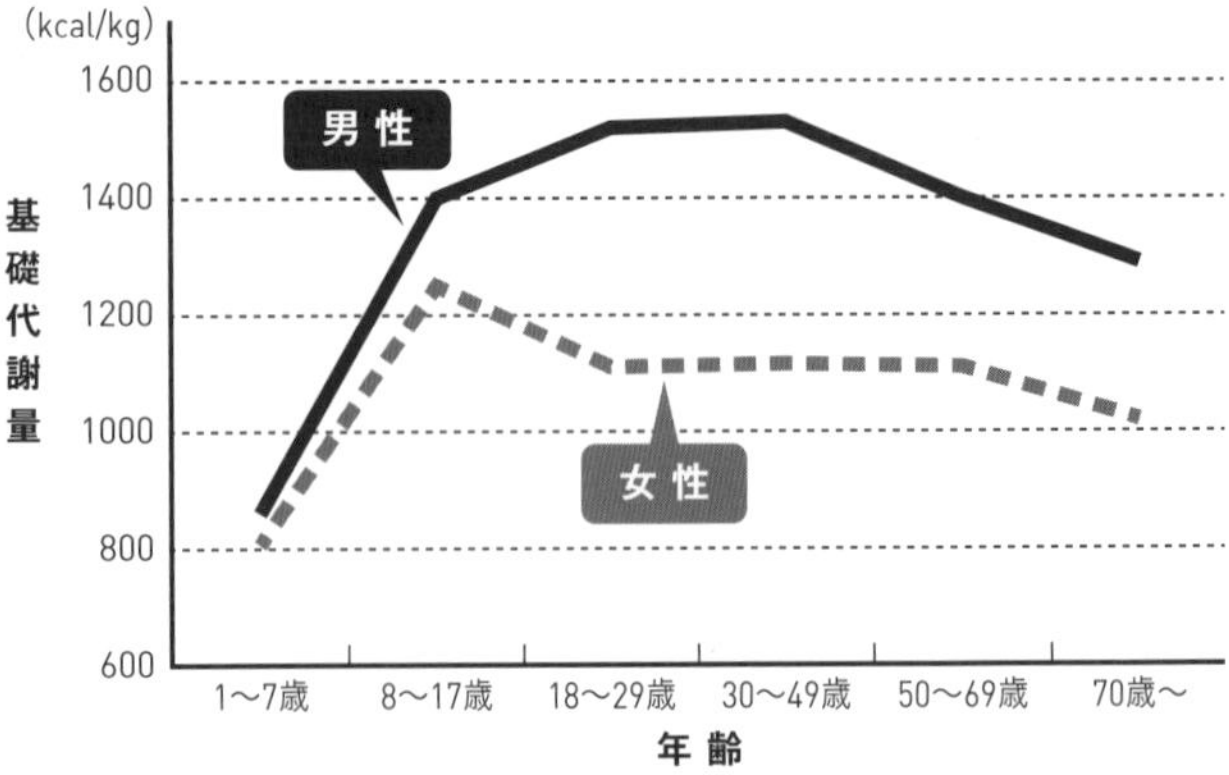

(kcal/kg)
1600
1400
1200
1000
800
600
基礎代謝量
男性
女性
1〜7歳
8〜17歳
18〜29歳
30〜49歳
50〜69歳
70歳〜
年齢

※参考／厚生労働省「日本人の食事摂取基準2015年度版」より

れば、太ります。人が〝太る〟メカニズムは、いたってシンプルな話なのです。

ただ、これには現代社会ならではの理由もあります。現代の生活はインターネットの普及や電化製品の充実などで、楽になる一方です。しかし、効率がよくなった半面、ネットを通じて自宅にいながらにして仕事ができたり、1日中スマホやタブレットのような小さな画面をのぞき込んでいることが増えたりして、外に出て身体を動かす機会が圧倒的に少なくなっています。結果として、運動量は激減し、脂肪が蓄積されやすくなってしまっているといっていいでしょう。

人は、楽なほうに、楽なほうにと流されやすい生き物です。何も考えずに、便利なツールに囲まれた生活を続けていけば、本来の身体機能や能力は、今後ますます衰えていくことでしょう。

「意識的に身体を動かすこと」が、お腹を凹ますための第一歩であり、身体機能を維持するために大切なこと。でも、楽な生活はそのほかにも身体に悪影響を与えます。これがけっこう深刻で……。

マンガの続きをどうぞ！

辺見くんはたるんだ
お腹が気になってる
のよね
原因をはっきり
させたいので
簡単なチェックを
行います
その場で
まっすぐ
立ってください
立つっ……て
立つだけ?
そう 立つだけ
簡単でしょ?
力まずスッと立ってみて
つま先は揃えて
手は身体の横に
おろしてね
……
さあどうぞ

横

頭のてっぺん・耳たぶ・肩の中心・
胸部の中心・腰骨・ひざの側面中央・
くるぶしの前方の7点を
つないだ線が一直線

正面

耳・肩・腰骨・ひざ・外くるぶしの
5つのラインが平行

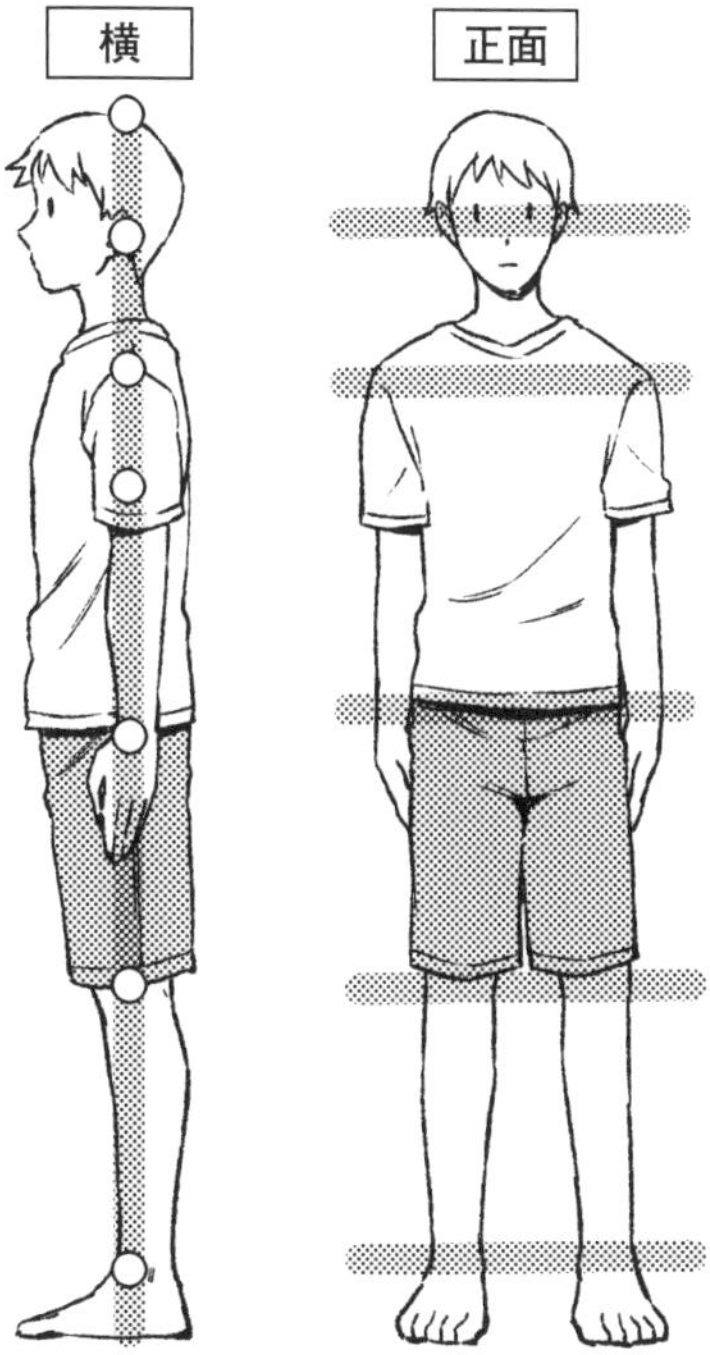

見て 辺見くんは こっち側の肩が 上がってるでしょ
ほんとだ!
かばんとかいつも 同じほうの手で もってるんじゃない?
そうかも……
重たいかばんをもつとき わたしたちは無意識に 身体を傾けて バランスをとっています
だからいつも 同じ側でもっていると 歪《ゆが》みが生じてしまうのです
すると何も もっていないときでも 傾いたアンバランスな 姿勢になってしまうの
びっくり
じー……
それと 横から見ると よくわかるんだけど

首が前に出て肩も内向きになっているでしょ？
カタ
カタ
辺見くんみたいにデスクワーク中心で前かがみで長時間仕事している人の典型的な猫背の姿勢ね
まっすぐ立てないこととこういうお腹になっていること
何か関係があるんですか？
肩も腰も丸まったままほとんど動かさないことが肩こりや腰痛を引き起こすの
それとともに血の巡りが悪くなり代謝も低下して太りやすくなる
とくに前かがみの姿勢ではお腹まわりの筋肉はほとんど使われていない
だからお腹まわりに緊張感がなくなってたるんでしまうのよ！

たるんだお腹は姿勢の悪さがおもな原因

脳の勘違いが「悪い姿勢」を生む

辺見くんのように、長時間座りっぱなしの仕事で前かがみの姿勢を続けていると、**頭のガクッと下がった猫背になり、肩も胸も内向きで丸まった状態が習慣になっています。**

人の身体は、「上半身は開き、下半身は閉じている」というのが理想的な姿勢です。

上半身が開いているとは、胸が開き、肩が下がり、首も背すじもスーッと伸びた状態で、これに対して下半身が閉じているとは、骨盤が締まり、ももは内向きに力が入り、ひざはまっすぐ前を向いている状態をいいます。

この姿勢は、ある程度の筋力が働いていないと保つことはできません。筋力が働いてい

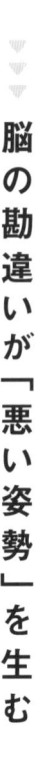

ないと、背中が丸まって、ひざが緩んだ状態になり、さらに筋肉が弱ると、脂肪が蓄積されやすくなり、たるんだお腹ができあがります。また、脂肪は内臓にも蓄積するため、生活習慣病のリスクが高まります。

このように**身体にとっては、まったくもって「楽な姿勢」とはいえないのですが、脳は、お腹にも背中にも力の入っていない脱力状態であることから「楽な状態」と勘違いします。**

そのため、身体がいくら悲鳴をあげようとも、脳は変わらず、この間違った「楽な姿勢」を求めます。お腹の緩みきった悪姿勢がなかなか直らないわけです。

脳の勘違いによって起こる悪姿勢は、辺見くんのような前かがみ姿勢だけではありません。胸を極端に張って、お尻をぐっと突き出した反り腰姿勢（小林さんのような女性に多い）や、もものつけ根でバランスをとって立っている出っ腹姿勢（村井さんのような肥満体型の人に多い）なども、一見、楽そうに見えて、身体にとっては負担のかかる姿勢です。

マンガの中で辺見くんにやってもらっているように、「まっすぐ立つ」ことは、身体のアンバランスや姿勢のクセを簡単にチェックすることができます。

こんな姿勢が〝ぽっこりお腹〟の原因！

猫背（辺見くんタイプ）

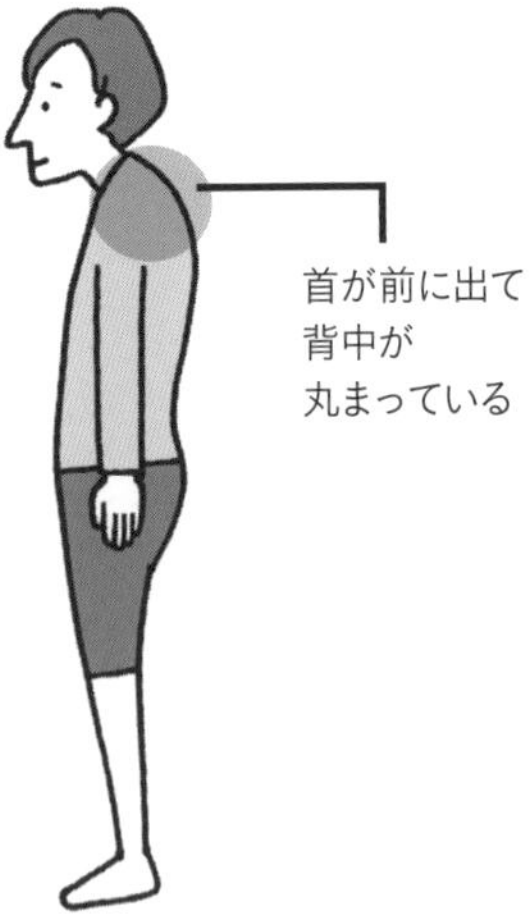
首が前に出て
背中が
丸まっている

正しい姿勢

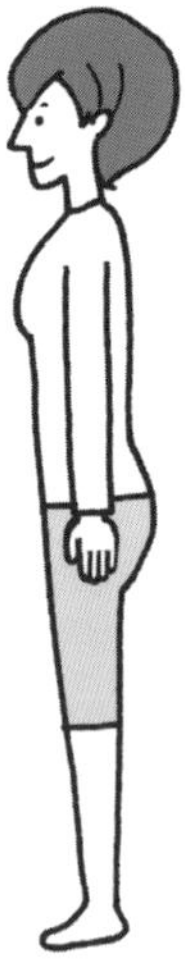

出っ腹（村井さんタイプ）

もものつけ根で
バランスを
とっている

反り腰（小林さんタイプ）

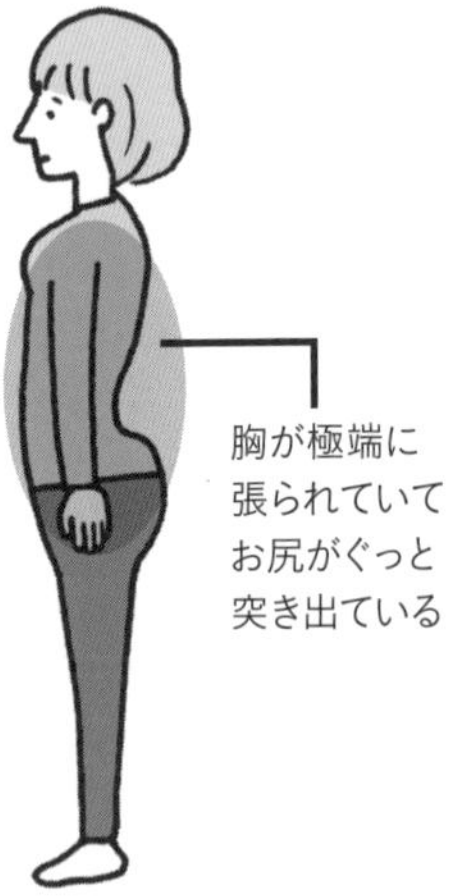
胸が極端に
張られていて
お尻がぐっと
突き出ている

偏った姿勢を続けていると、太る

本人は「まっすぐに立っている」つもりでも、辺見くんのように肩の高さが左右でちがってしまっている人もいます。

このように、いつも左右どちらか一方に身体が傾いていると、負担がかかっているほうの筋肉のみが過度に緊張し、アンバランスな姿勢が常態化してしまいます。

筋肉が委縮して硬くなると、血流が悪くなり、代謝が低下します。結果、太りやすくなってしまうのです。

また、人の身体は、身体の軸となる背骨（脊椎《せきつい》）、上半身と下半身をつなぐ骨盤、首や腕をおもに支える肩甲骨《けんこうこつ》の3つの骨とそれらにかかわる関節が連動して可動できる状態にあることで、さまざまな運動が可能となっています。

日常的な姿勢のクセによってこれらの骨や関節まわりの筋肉が硬くなると、可動域《かどういき》が小さくなり、運動を妨げることにつながります。運動量が減れば、消費するエネルギー量も小さくなってしまうので、ますます太りやすくなってしまいます。

小林さんは下腹《したばら》だけがぽっこり出て気になっているのよね
キラーン
ではペットボトルを使ったチェックをしてみたいと思います
ははいっ
つま先を揃えて立って
ひざ上あたりでペットボトルをぎゅっと挟んで
んっ
力いれた？
スポッ
え

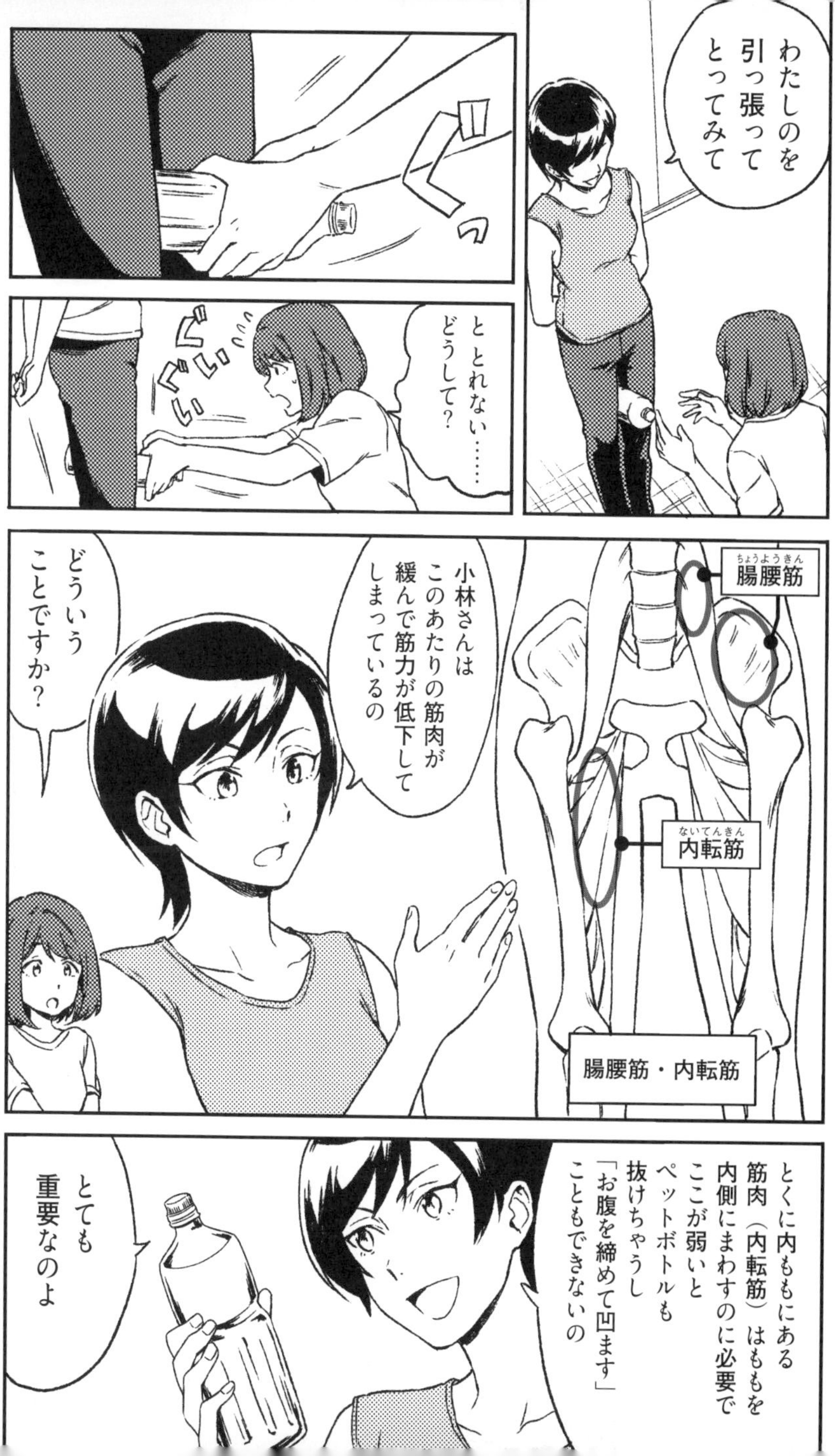

わたしのを引っ張ってとってみて
ぐいぐい
ととれない……どうして？
腸腰筋《ちょうようきん》
内転筋《ないてんきん》
腸腰筋・内転筋
小林さんはこのあたりの筋肉が緩んで筋力が低下してしまっているの
どういうことですか？
とくに内ももにある筋肉（内転筋）はももを内側にまわすのに必要でここが弱いとペットボトルも抜けちゃうし「お腹を締めて凹ます」こともできないの
とても重要なのよ

そもそも立っているときの姿勢が反り腰になっているの
一見胸を張ってきれいに立っているように見えるけど
こうして壁の前に立ったときにこぶしが入るのは反り過ぎ
腰の柔らかさに任せて反り腰になり骨盤が前に倒れ過ぎている可能性があるわね
ガーン
ええっ……！きれいな姿勢だっていわれてるのに……

そのうえお腹まわり……
とくにインナーの筋力が足りないと
内臓を支えることができずお腹がぽっこり出てしまっているんじゃないかな？
えっ
これ内臓だったの？脂肪じゃなくて？
ちょっとほっ…
もちろん筋肉がない分下腹を中心に脂肪もつきやすくなってるのだけどね
ですよね

〝下腹ぽっこり〟は骨盤まわりの筋力低下が原因

ぽっこりお腹の正体は、落ちてきた内臓!?

下腹《したばら》がぽっこりと出てしまうのは、小林さんのように反り腰が習慣になって骨盤が前に倒れ過ぎているような人によく見られるお腹の出方です。

最大の要因は、骨盤まわりの筋力が低下していることにあります。

そもそも骨盤というのは総称で、左のイラストのように寛骨《かんこつ》、仙骨《せんこつ》、尾骨《びこつ》など複数の骨から成る集合体の骨のことをいいます。個々の骨は、強度な靭帯《じんたい》によってしっかりと結びついているので簡単にズレたり、外れたりすることはありませんが、骨盤そのものは上は背骨（脊椎《せきつい》）と、下はももの骨（大腿骨《だいたいこつ》）とつながっていて、連動して動くので、その位置や傾きには歪《ゆが》みが生じやすくなっています。

また、骨盤と肋骨《ろっこつ》とのあいだには、インナーユニットと呼ばれる4つの筋肉（横隔膜《おうかくまく》、

腹横筋《ふくおうきん》、多裂筋《たれつきん》、骨盤底筋群《こつばんていきんぐん》→P41参照）で囲まれた空間（腹腔《ふくくう》）があり、その内側に胃や腸、生殖器などの臓器が収まっています。

これらの筋肉の力が低下すると腹腔内の圧力（腹圧）が弱まり、十分なスペースを確保できなくなります。すると、本来あるべき場所に臓器を保持できなくなり、結果、**内臓が押し出されるような恰好となってお腹が出てしまうのです。**ですから〝下腹ぽっこり〟は女性に限らず、運動不足の男性などにも多く見られます。

骨盤の構造

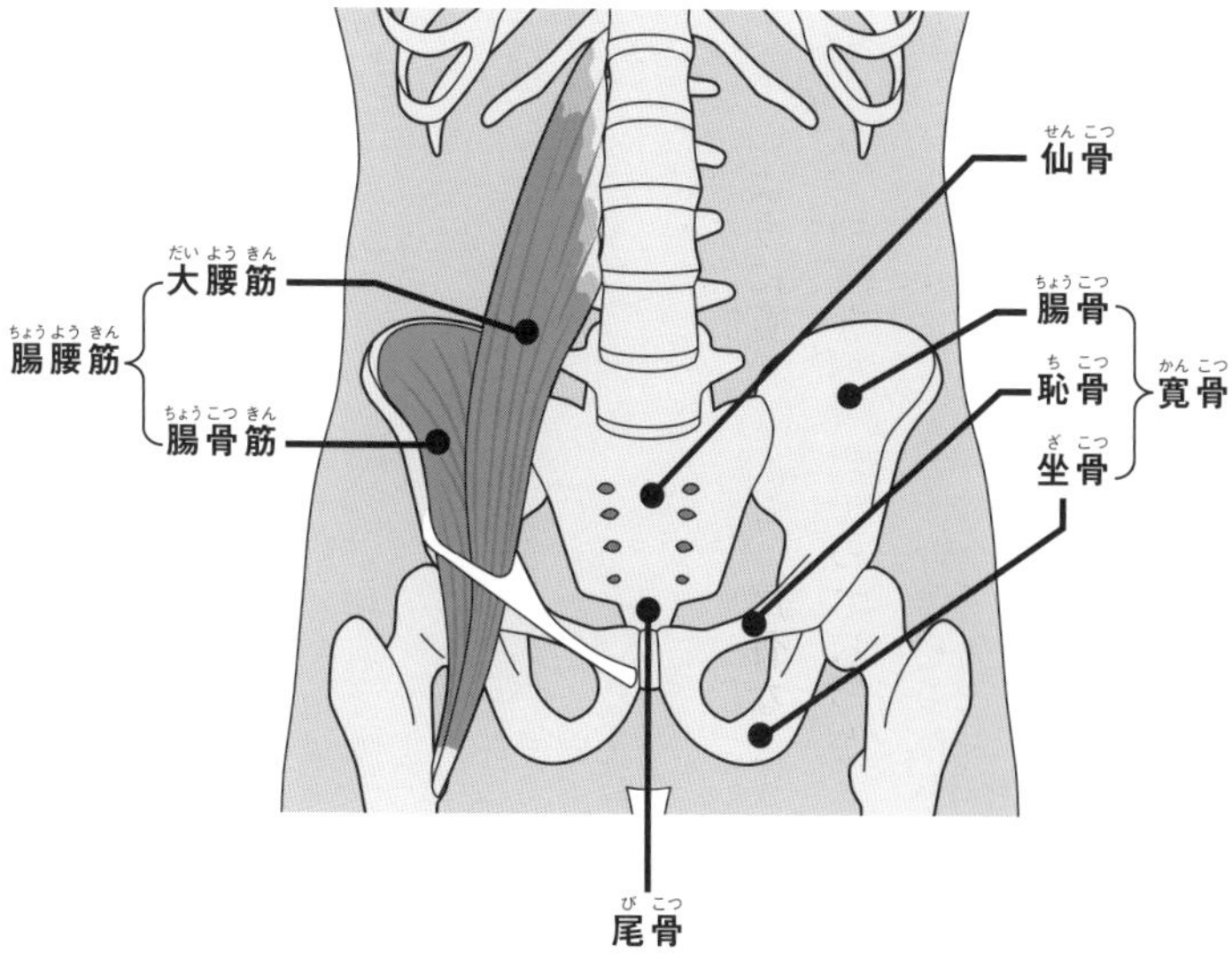
仙骨《せんこつ》
大腰筋《だいようきん》
腸腰筋《ちょうようきん》
腸骨筋《ちょうこつきん》
腸骨《ちょうこつ》
恥骨《ちこつ》
坐骨《ざこつ》
寛骨《かんこつ》
尾骨《びこつ》

骨盤を締めることができなければ、お腹は凹まない

骨盤まわりの筋力が低下していると、骨盤が緩み、内臓を正しい位置で保持できないだけでなく、動きそのものも悪くなるため、代謝が落ちて脂肪がつきやすくなります。

一方で、骨盤のまわりにはおよそ80種もの筋肉があり、骨盤を動かしたり、締めたりするときにはこれらの筋肉が総動員されます。骨盤を動かすということは多くの筋肉を使うということであり、それだけたくさんのエネルギーを消費できることでもあります。

お腹を凹ませたいのであれば、骨盤まわりのインナーの筋肉をできるだけたくさん使って「骨盤を締める」ことが有効なのです。

中でも意識してほしいのが、インナーユニットを形成する腹横筋《ふくおうきん》と骨盤底筋群《こつばんていきんぐん》です。骨盤の底についている骨盤底筋群は、通常は意識することもない筋肉ですが、内臓の下垂や排泄にかかわっていることから、おしっこを途中で止めたり、肛門をキュッと閉めたりすることによって実感しやすくなります。

実は、マンガの中で小林さんがやっていた「ペットボトルをももののあいだで挟んで立

つ」というのは、骨盤まわりの筋肉と内ももにある内転筋《ないてんきん》（↓P62参照）を使って「骨盤を締める」ことができるのかをチェックするためのものでした。みなさんもぜひやってみてください。

　また、日頃から不自然なダイエットを繰り返していたり、カロリー偏重主義で、偏食や運動不足が続いていたりして、筋肉をつくるのに必要な栄養素が足りていないこともあります。運動によって筋肉をつけるためには、バランスのよい食事を摂ることも大切です（詳しくは↓4章で説明します）。

腹腔をつくるインナーユニット

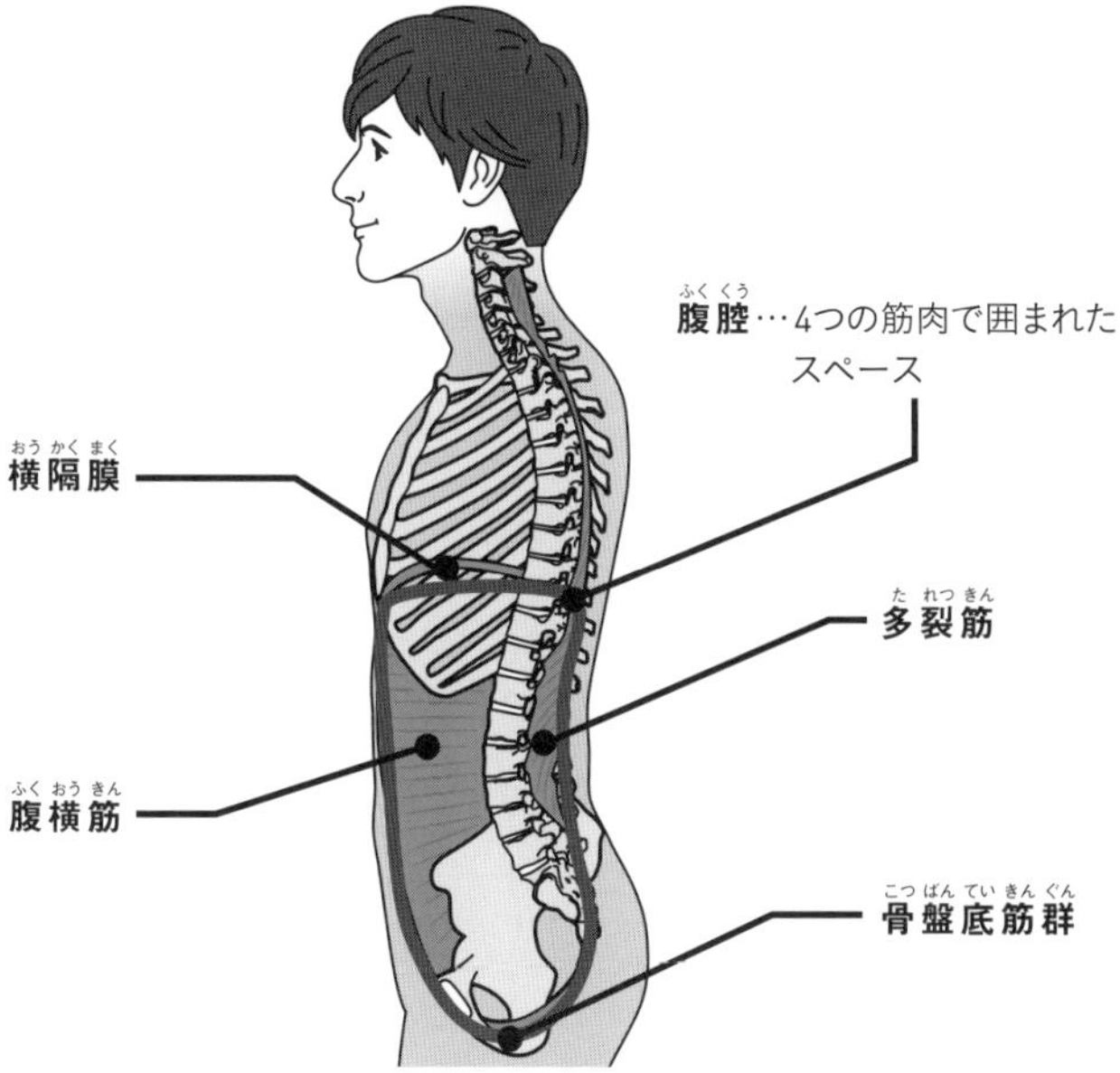
腹腔《ふくくう》…4つの筋肉で囲まれたスペース
横隔膜《おうかくまく》
多裂筋《たれつきん》
腹横筋《ふくおうきん》
骨盤底筋群《こつばんていきんぐん》

さて村井さん……
コホン
……お待たせしました
ビクッ
ユラ…
一目瞭然！外にも内にも脂肪のつき過ぎたお腹をしていますね
で――ん
確認したいことがあるので呼吸のチェックを行います
呼吸のチェックですか？
そうです村井さんの呼吸の長さを知りたいのでできるだけゆっくり呼吸をしてみてください見本を見せますね

ゆっくり4つ数えながら息を吸って……
すぅぅ
1.2.3.4.
……倍のカウントをかけてゆっくり吐き出します
1.2.3.4.
ふぅ～
5.6.7.8….
どうぞやってみてください
ははい
1、2、3…
すぅ～….
あれっ吸い続けられない！
1、2、3…
はぁ～ああ…
あもう吐ききっちゃった

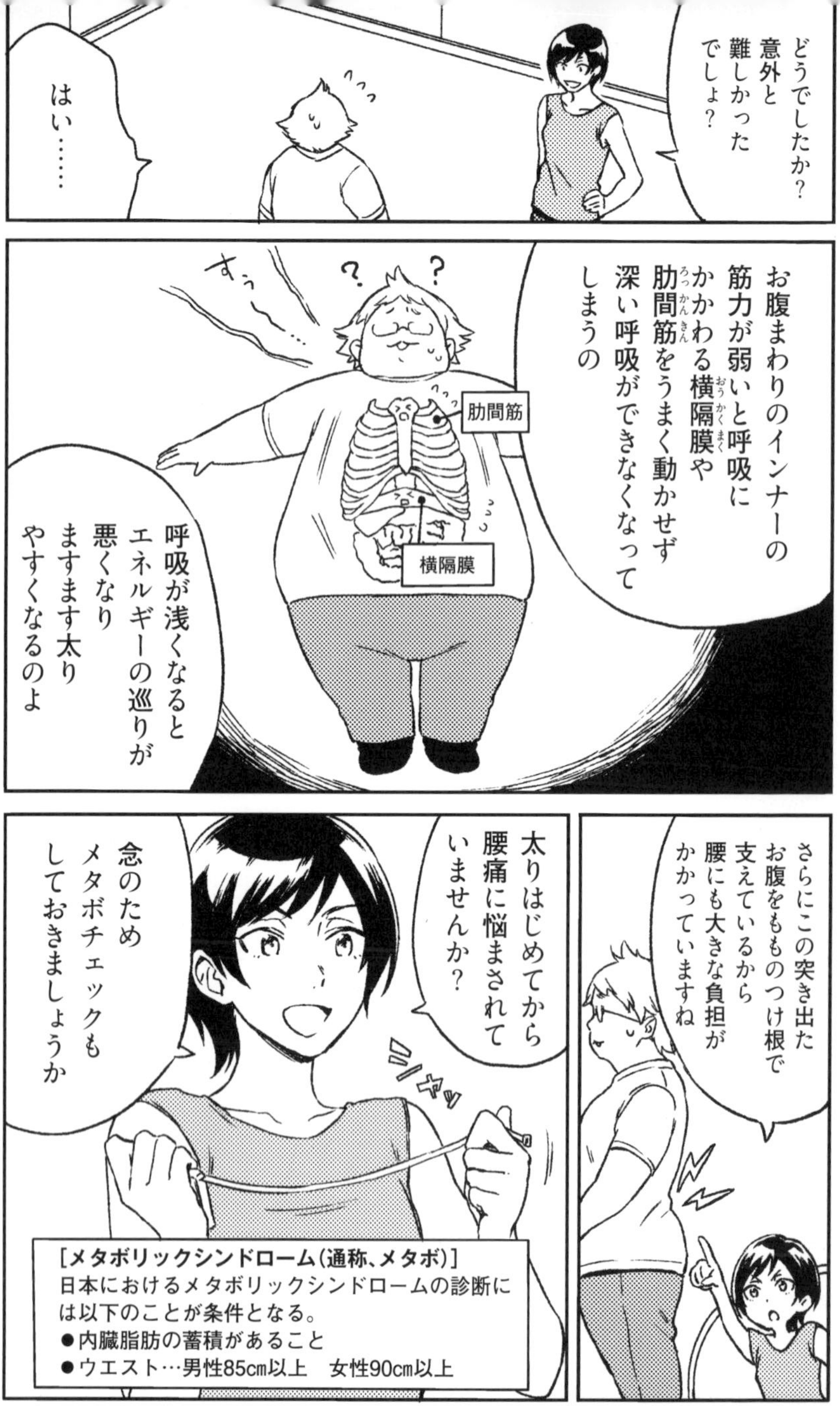

どうでしたか? 意外と難しかったでしょ?
はい……
すぅ〜…
お腹まわりのインナーの筋力が弱いと呼吸にかかわる横隔膜《おうかくまく》や肋間筋《ろっかんきん》をうまく動かせず深い呼吸ができなくなってしまうの
肋間筋
横隔膜
呼吸が浅くなるとエネルギーの巡りが悪くなりますます太りやすくなるのよ
さらにこの突き出たお腹をものつけ根で支えているから腰にも大きな負担がかかっていますね
太りはじめてから腰痛に悩まされていませんか?
シャッ
念のためメタボチェックもしておきましょうか
[メタボリックシンドローム(通称、メタボ)]
日本におけるメタボリックシンドロームの診断には以下のことが条件となる。
●内臓脂肪の蓄積があること
●ウエスト…男性85cm以上　女性90cm以上

ぐるぐる
うわ~95！……残念ながらアウト！
お腹のサイズ的には立派なメタボです！
確実にメタボリックシンドロームだと診断するには生活習慣やすでに病気があるかも調べる必要がありますが……
このサイズは見逃せませんね
わかってます……先日の健康診断でもいわれたばかりでして
健康のためにも日常生活の中でこまめに身体を動かすこと生活習慣を改善していくことを心がけてくださいね！
はいっ

太鼓腹の原因は運動不足による脂肪のつき過ぎ

内臓脂肪の蓄積した肥満はお腹に表れる

村井さんのように、見た目にもはっきりと太っているとわかる体型の人は、**お腹が出ている云々の前に、肥満であるかどうかが問題です。**

一般に、肥満かどうかを判定する指標としてはＢＭＩ（Body Mass Index）というものが有名です。これは、「体重（kg）÷〔身長（m）×身長（m）〕」で求める数値によって判定します。肥満の基準は国によって異なりますが、日本ではＢＭＩが25以上を肥満と定めています。最近では、気軽に体脂肪率（体重のうち脂肪が占める割合）を測定できるようになり、ＢＭＩだけでなく体脂肪率も加味して判断するようになってきています。

脂肪によって体重が増え、身体が重たくなると、動くことが億劫になり、疲れることを極力避けるようになります。歩いて行ける程度の距離でもタクシーを使う、階段があってもエスカレーターを使うなど、とにかく歩かなくなり、日常的に運動量が不足していきます。

すると、エネルギー消費量の大きい骨盤を動かす機会も少なくなり、お腹まわりに脂肪がつきやすくなります。結果、パンパンの太鼓腹《たいこばら》ができあがってしまうというわけです。

BMIによる肥満判定

BMI	肥満度	特徴
18.5未満	やせ	
18.5～25未満	普通	体脂肪率が高いと「隠れ肥満」の可能性あり！
25以上	肥満	体脂肪率が低ければ、筋肉量が多い「かた太り」

※日本肥満学会（1999年）によって提唱されている肥満判定の値より

体脂肪率による肥満判定

男性	女性	肥満度
5.0％～9.9％	5.0％～19.9％	低い
10.0％～19.9％	20.0％～29.9％	標準
20.0％～24.9％	30.0％～34.9％	やや高い
25.0％～	35.0％～	高い

※Lohman（1986年）および長嶺（1972年）によって提唱されている肥満判定の値より

運動不足なら「深い呼吸」からスタート！

メタボ体型の人は、だるさを感じやすかったり、疲れやすかったりします。これは、体内で産生されたエネルギーがうまく身体の中を巡っていないためと考えられます。

また村井さんも、自分が「メタボ」ではないかと気にしていますが、メタボとはどういう状態か正しく理解しておきましょう。

メタボとは、メタボリックシンドロームの通称で、内臓脂肪の蓄積した肥満であることに加えて、高血糖（糖尿病）、高血圧、脂質異常症（コレステロールや中性脂肪が多い）のうちの2つ以上に当てはまる状態をいいます。

内臓脂肪がついていると、お腹まわりが太くなる（腹部肥満）傾向があるため、ウエストのサイズ［男性85㎝以上・女性90㎝以上］が診断のひとつの目安となります。

すると、もっと活動量を増やすようにという指導が入ります。その際の指標とされているのが、METs（メッツ）と呼ばれる考え方です。これは運動強度を示す単位で、座って安静にしている状態が1メッツです。

骨格筋を使って身体を動かすこと（身体活動）によって、代謝量は安静時の何倍にも増

えます。日常の何気ない動作の中にもメッツの高いものはたくさんあります（下表参照）。わざわざ特別な運動をはじめなくても、日ごろから積極的に動くようにすることだけでも、十分に活動量を上げていくことができるのです。

なお、厚労省は、健康維持のためには「3メッツ以上の身体活動を週23メッツ・時」続けることが望ましいとしています。これは、3メッツ以上の活動を毎日1時間1週間続けたときの活動量に相当します。

また、呼吸も運動のひとつです。マンガにあるように「ゆっくり吸ってその倍の時間をかけて吐く」。深い呼吸を日常で意識するだけでも身体は変化するはずです。

METs表

★★★☆☆ 3.0〜3.4	●家財道具の片づけ ●子どもの世話（立位で行う） ●犬の散歩（普通歩行（67m/分≒4km/時） ●掃除をする ●ゴルフ（練習場での打ちっぱなし）
★★★⯪☆ 3.5	●歩行（ほどほどの速さ75〜85m/分≒4.5〜5km/時） ●柔軟体操・家でできる軽い運動 ●階段を下りる ●いろいろな家事を同時にする ●犬をシャンプーする
★★★★☆ 4.0	●自転車に乗る（16km/時未満） ●階段をゆっくり上る ●床磨き、風呂掃除 ●庭の草むしり
★★★★★ 5.0以上	●かなり早歩き（93m/分≒5.6km/時） ●犬や子どもと活発に遊ぶ

※参考／厚生労働省「健康づくりのための身体活動基準2013」および「健康づくりのための指針（アクティブガイド）について」より作成

お腹凹ませに「フッキン」はマスト

悪しき生活習慣からお腹が出てしまうまで

これまで、理由に多少の個人差はあれど、〝悪しき生活習慣〟によりお腹が出てしまうメカニズムについてお話ししてきました。ここで、おさらいしておきましょう。

- 現代生活の悪しき習慣の弊害
- 姿勢が悪い
- 慢性的な運動不足

↓

- 関節も筋肉もガチガチに硬くなる
- 筋肉量の低下
- 血流の低下

↓

代謝機能の低下

↓

太りやすくなる

↓

- 人間の身体の構造上、お腹には内臓を守る骨格がない
- 代わりに、筋肉が内臓を守る役割を果たしている

↓

その筋肉も落ちると、脂肪がつきやすくなる

↓

お腹が出る!

姿勢の改善や運動不足の解消など、生活習慣を変えることで、身体の中のエネルギーや血の巡りがよくなり、代謝がアップすれば、脂肪が燃えて痩《や》せやすい身体へと変わっていきます。すると、一時的に体重は落ちていきます。しかし、肝心のお腹は出たまま、あるいはたるんだまま、ということはあり得ます。

突き出たお腹をカッコよく凹ませるためには、やはり腹筋にダイレクトに効かせていくことが必要です。お腹凹ませに「腹筋運動」はマストなのです。筋トレ（筋力トレーニング）が苦手な人も、これを避けては、カッコよく引き締まったお腹は手に入りません！

お腹に効かせるには思うように動く身体を手に入れる

一般的な腹筋運動（仰向けに寝て、上体を起こすタイプのトレーニング）は、誰もが知っていて、手軽に取り組めるものですが、シンプルなだけに、ある程度の筋力がすでにあって正しいやり方を習得している人でなければ、しっかりお腹に効かせるのはかえって難しいものでもあります。自己流では、いくらやっても十分な効果が得られないでしょう。

辺見くんが学生時代にそうであったように、回数をこなすことや負荷をかけることで達成感を得たり、一流アスリートが取り組んでいる体幹トレーニングやピラティスをはじめることで満足してしまってはいませんか？

正しくやれば有効なトレーニングも、かたちだけを追ってただ漫然と行っているうちは、残念ながら、目に見える効果を得られるまでには至らず——続かなくなります。

筋トレでは、ターゲットの筋肉をいかにきちんと使えているか、がカギとなります。そのためにも、事前準備として、関節の可動性や柔軟性を高めておくことが必要なのです。

この本で紹介する「これだけフッキン」も、身体と呼吸をうまくコントロールして、正しくターゲットの筋肉を使って行うことができれば、1日1回で十分な効果が期待できます。筋トレの効果を確実なものとするためにも、今の自身の身体と向き合って、動かしにくい箇所、硬くなっている箇所などがあれば、まずは、それらを解消し、機能する身体を取り戻していくことからはじめましょう。

第2章

お腹は締めてから凹ませる

〝締めてから凹ます〟は本書の重要ファクター。身体のしくみを理解しつつ、自在に腹筋を使えるようになりましょう。

今日から少しずつ身体を動かしていきますよ！
突然ですが……腹筋って身体のどの部分にどうやってついているか知っていますか？
お腹についている筋肉じゃないんですか？
どんなふうについているかがポイントなの
あとで詳しく説明するけどこれだけは覚えておいて
肋間筋と腹横筋は呼吸筋だけどお腹を凹ますうえでは重要な筋肉なので腹筋のインナーとしてとらえます
インナー
肋間筋《ろっかんきん》
アウター
腹直筋《ふくちょくきん》
インナー
腹横筋《ふくおうきん》
筋肉には、
身体の表面近くにあって触れることのできる筋肉＝アウターと
身体の奥にあって触れることのできない筋肉＝インナーがある
みんなにはインナーとアウターそれぞれの筋肉を意識できるようになってもらいたいと思っています
では早速はじめましょう！

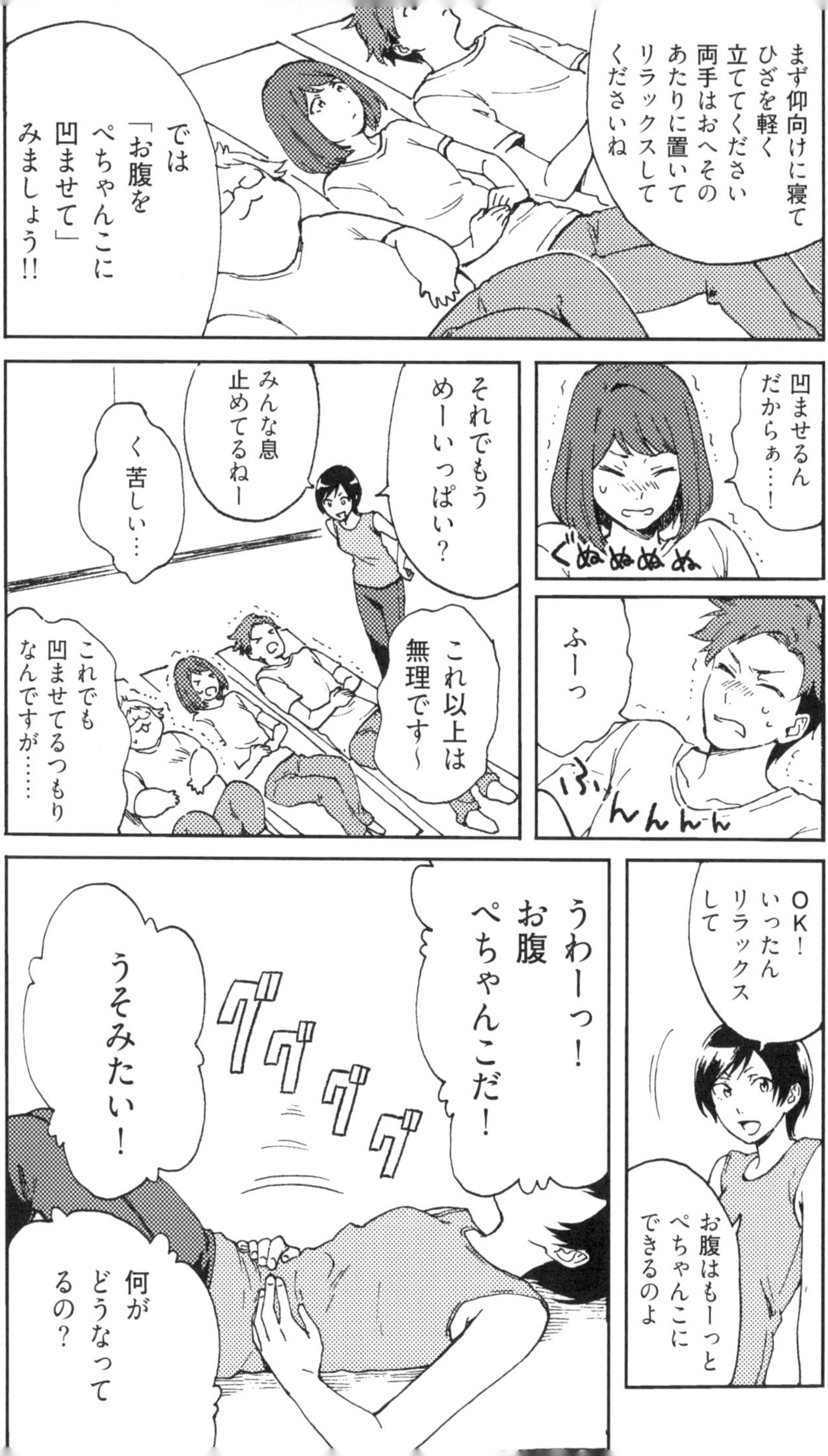
まず仰向けに寝てひざを軽く立ててください両手はおへそのあたりに置いてリラックスしてくださいね
では「お腹をぺちゃんこに凹ませて」みましょう!!
凹ませるんだからぁ……!
ぐぬぬぬぬ
それでもうめーいっぱい?
みんな息止めてるねー
く苦しい……
ふーっ
ふんんんん
これ以上は無理です〜
これでも凹ませてるつもりなんですが……
OK!いったんリラックスして
お腹はもーっとぺちゃんこにできるのよ
うわーっ!お腹ぺちゃんこだ!
グググググ
うそみたい!
何がどうなってるの?

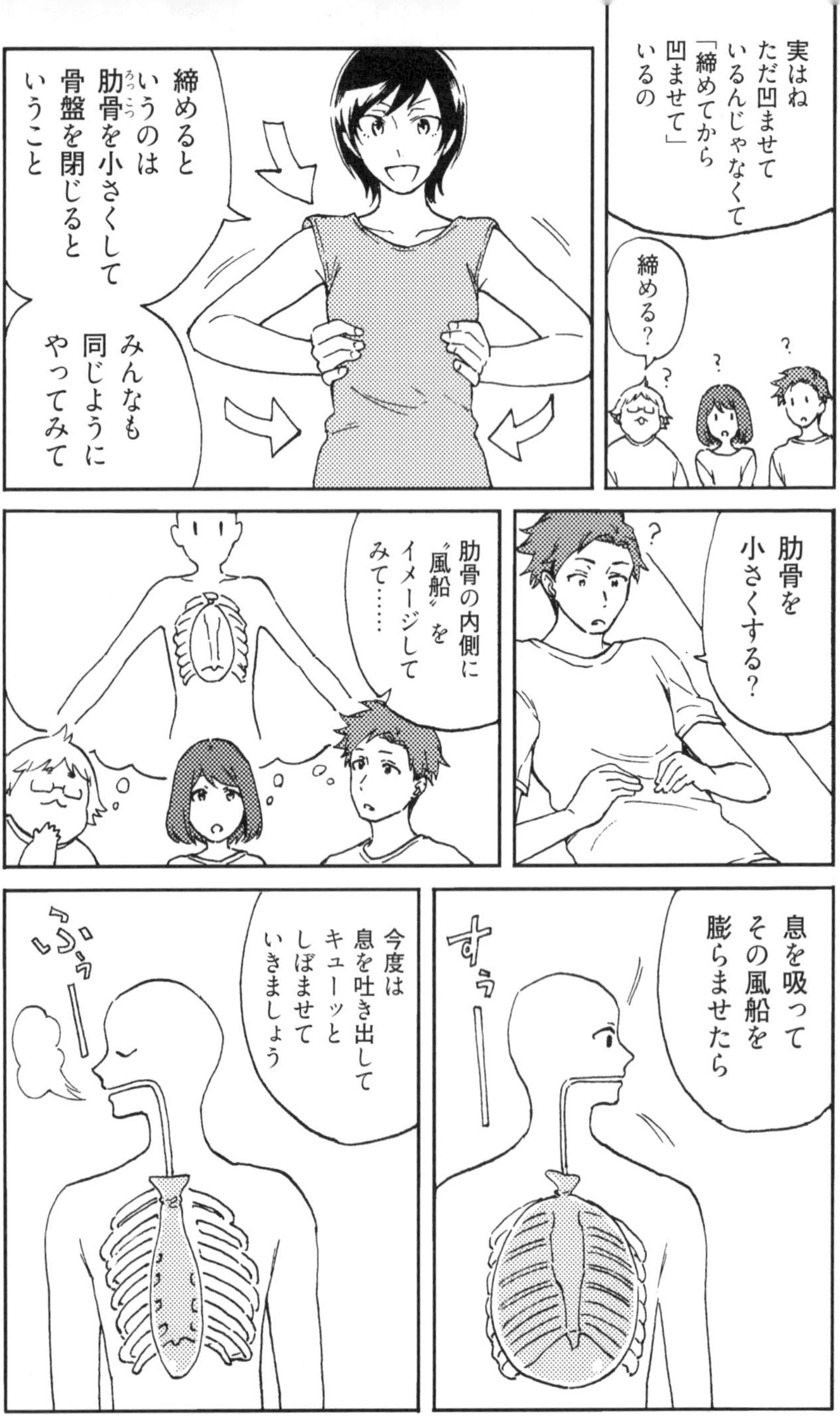
実はね
ただ凹ませて
いるんじゃなくて
「締めてから
凹ませて」
いるの
締める？
締めると
いうのは
肋骨《ろっこつ》を小さくして
骨盤を閉じると
いうこと
みんなも
同じように
やってみて
肋骨を
小さくする？
肋骨の内側に
〝風船〟を
イメージして
みて……
息を吸って
その風船を
膨らませたら
すぅー
今度は
息を吐き出して
キューッと
しぼませて
いきましょう
ふぅー

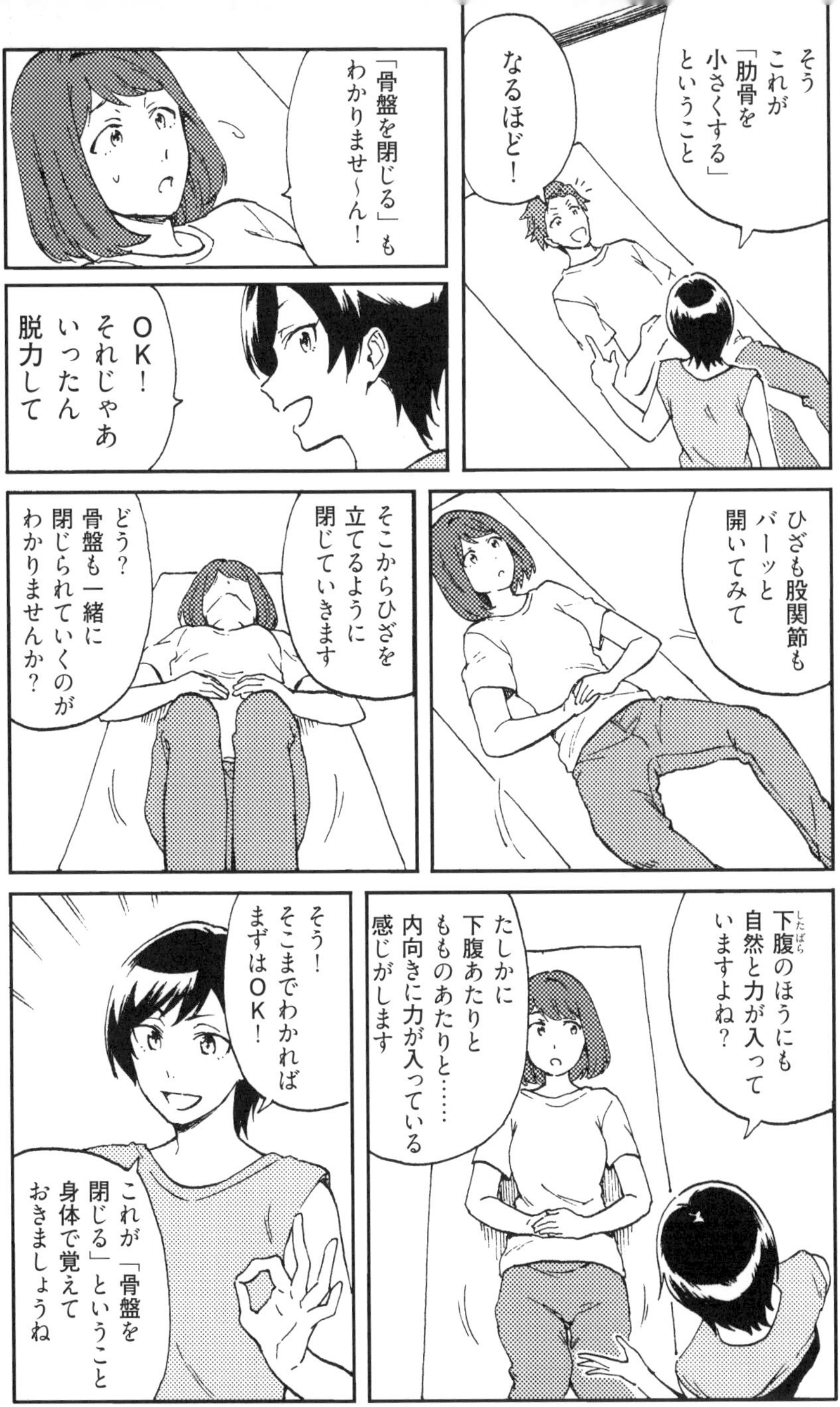

そう これが「肋骨を小さくする」ということ
なるほど！
「骨盤を閉じる」もわかりませ〜ん！
OK！ それじゃあ いったん 脱力して
ひざも股関節も バーッと 開いてみて
そこからひざを 立てるように 閉じていきます
どう？ 骨盤も一緒に 閉じられていくのが わかりませんか？
下腹《したばら》のほうにも 自然と力が入って いますよね？
たしかに 下腹あたりと もものあたりと…… 内向きに力が入っている 感じがします
そう！ そこまでわかれば まずはOK！
これが「骨盤を 閉じる」ということ 身体で覚えて おきましょうね

110〜113ページで練習方法をCHECK!

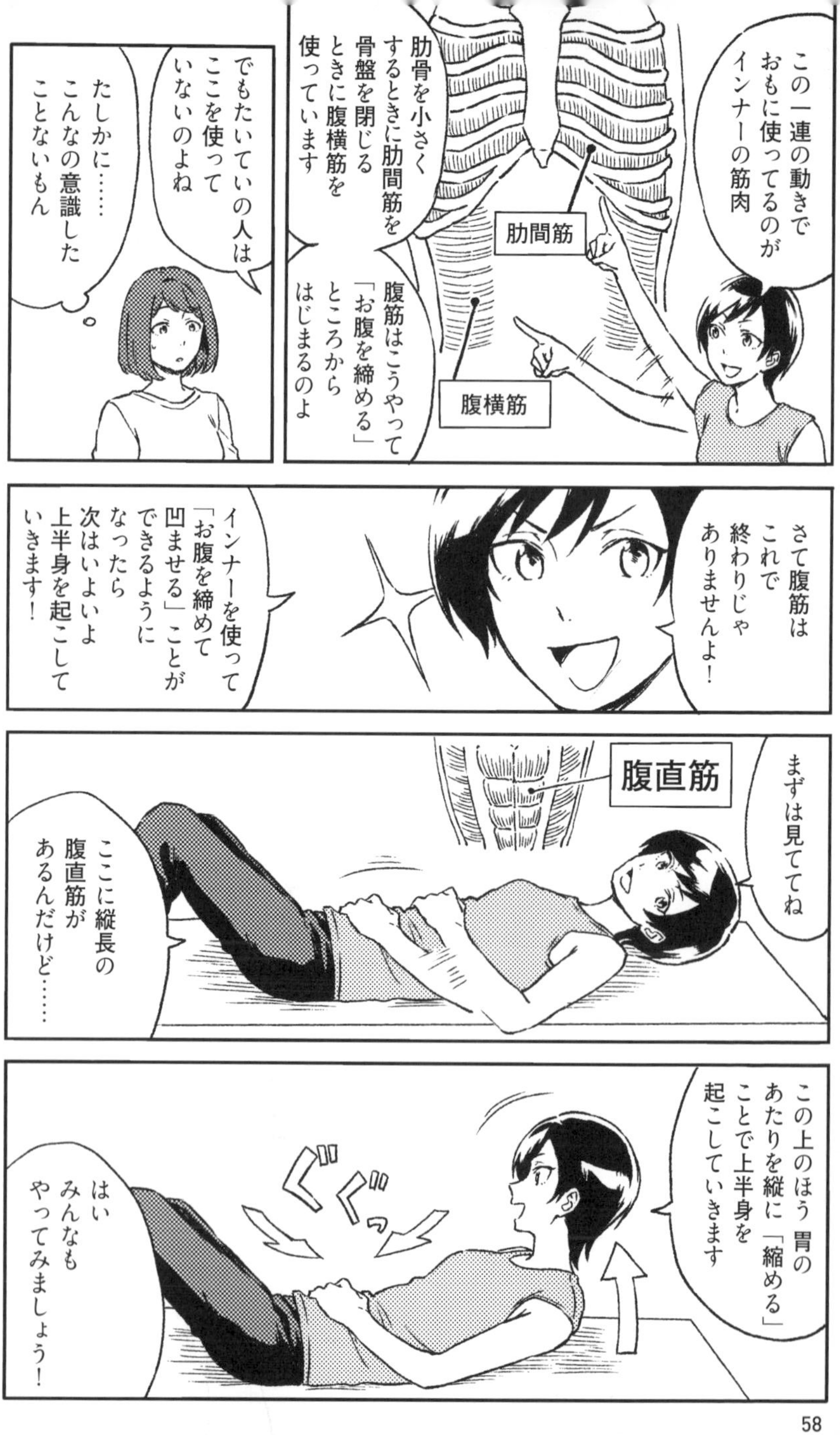
この一連の動きでおもに使ってるのがインナーの筋肉
肋間筋
腹横筋
肋骨を小さくするときに肋間筋を骨盤を閉じるときに腹横筋を使っています
腹筋はこうやって「お腹を締める」ところからはじまるのよ
でもたいていの人はここを使っていないのよね
たしかに……こんなの意識したことないもん
さて腹筋はこれで終わりじゃありませんよ！
インナーを使って「お腹を締めて凹ませる」ことができるようになったら次はいよいよ上半身を起こしていきます！
まずは見ててね
腹直筋
ここに縦長の腹直筋があるんだけど……
この上のほう 胃のあたりを縦に「縮める」ことで上半身を起こしていきます
ぐぐっ
はい みんなもやってみましょう！

……はぅあ
プル
プル
肩に力入っちゃってるよ上体はリラックスして！
んんん～
背中を丸めるようにしてみて上がるところまででいいからね
これでいいのかな？
プル
プル
お腹の表面硬くなってますか？
うんうんすばらしい！
はーいOKリラックスしてください
バタ
バタ
バタ
はあ～きつかった～
インナーの筋肉を使って「締めて凹ます」感覚をアウターの筋肉を使って「縮めて起こす」感覚をそれぞれ実感できましたか？
ハイ
腹筋運動をするときにこれをきちんと意識することが一番大事！これができればばっちりお腹に効かせられますよ！
へぇ～
とくにインナーで「締めて凹ます」ことはとても重要です
ぐっ
最初はうまくできなくても繰り返し練習あるのみ！意識を集中してトライしてね

筋肉のつき方知っていますか？

外から触れる筋肉と触れない筋肉がある

人間の身体は、骨組みとなる骨格に、約４６０種（成人男性の場合）もの筋肉や脂肪がついて肉体を形成しています。

筋肉は、身体の表面近くにあるアウターマッスル（表層筋《ひょうそうきん》）と、身体の深いところにあるインナーマッスル（深層筋《しんそうきん》）とに分けてとらえます。

アウターマッスルは、身体を動かしたり、力を入れたりして硬くなるほど、その状態を触って確認できるので、存在を自覚することができます。しかし、インナーマッスルは、姿勢を安定させたり、呼吸を助けたりといった重要な働きをしていても、直接触れることはできないので意識しづらい筋肉ともいえます。

また、アウターマッスルは動かす筋肉として、インナーマッスルは支える筋肉として機

能し、互いに連動しています。よくジムなどで筋トレに取り組んでいる人の中に、アウターの筋肉ばかりを鍛えてしまっている人を見かけますが、インナーも同じように鍛えていかないと、筋バランスの悪さからけがをすることもありますので注意が必要です。

お腹を凹ませるときも、アウターとインナーの筋肉をバランスよく鍛えていくことが大切です。

「お腹凹ませ」というと、腹筋（腹直筋《ふくちょくきん》・腹斜筋《ふくしゃきん》などおもにアウター）にまず目がいきますが、体幹にあるインナーユニット（横隔膜《おうかくまく》、腹横筋《ふくおうきん》、多裂筋《たれつきん》、骨盤底筋群《こつばんていきんぐん》）も見逃してはいけません。

インナーユニットは、身体の奥で腹腔《ふくくう》を形成し内臓を保持するだけでなく、連動して働いて姿勢を安定させたり、身体運動の予備動作にかかわったりしています。

通常、意識するのは難しいものですが、インナーユニットは呼吸運動にもかかわっている筋群なので、実際に呼吸をしながら筋肉の動きをイメージすると、筋肉を使っていることがわかりやすくなります。

また、深い呼吸を行うことで鍛えられるといっても過言ではありません。腹筋を鍛えるトレーニングでは、インナーユニットの存在を感じながら行うことが大切です。

お腹凹ませにかかわる筋肉

前面（お腹）

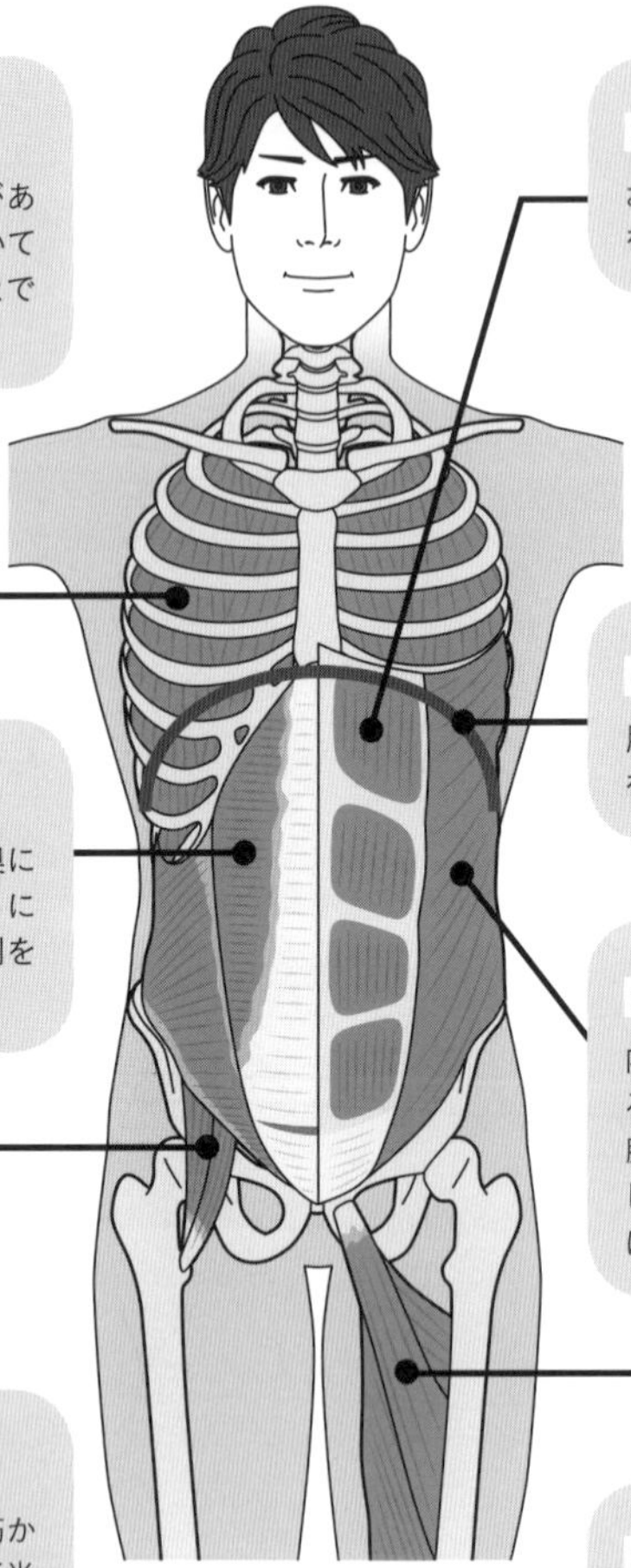

インナー **肋間筋《ろっかんきん》**

内肋間筋・外肋間筋がある。肋骨のあいだについていて、肋骨を動かすことで呼吸を行う。

アウター **腹直筋《ふくちょくきん》**

お腹の前面にある。上半身を折り曲げるときに働く。

インナー **横隔膜《おうかくまく》**

肋骨の下側にある。呼吸を行うときなどに働く。

インナー **腹横筋《ふくおうきん》**

外・内腹斜筋のさらに奥にある。コルセットのように骨盤を安定させる役割を担う。

アウター **腹斜筋《ふくしゃきん》**

内腹斜筋・外腹斜筋がある。腹直筋の両サイド（わき腹）にある。上肢を横に倒したり、ねじったりするときに働く。

インナー **腸腰筋《ちょうようきん》**

大腰筋・小腰筋・腸骨筋から成る筋群。上半身と下半身をつなぐ部位にあり、股関節を曲げたり、骨盤を前に倒したりするときに働く。

アウター **内転筋《ないてんきん》**

内ももにあり、骨盤と脚とをつなぐ役割をもつ。骨盤や股関節の動きにかかわる。

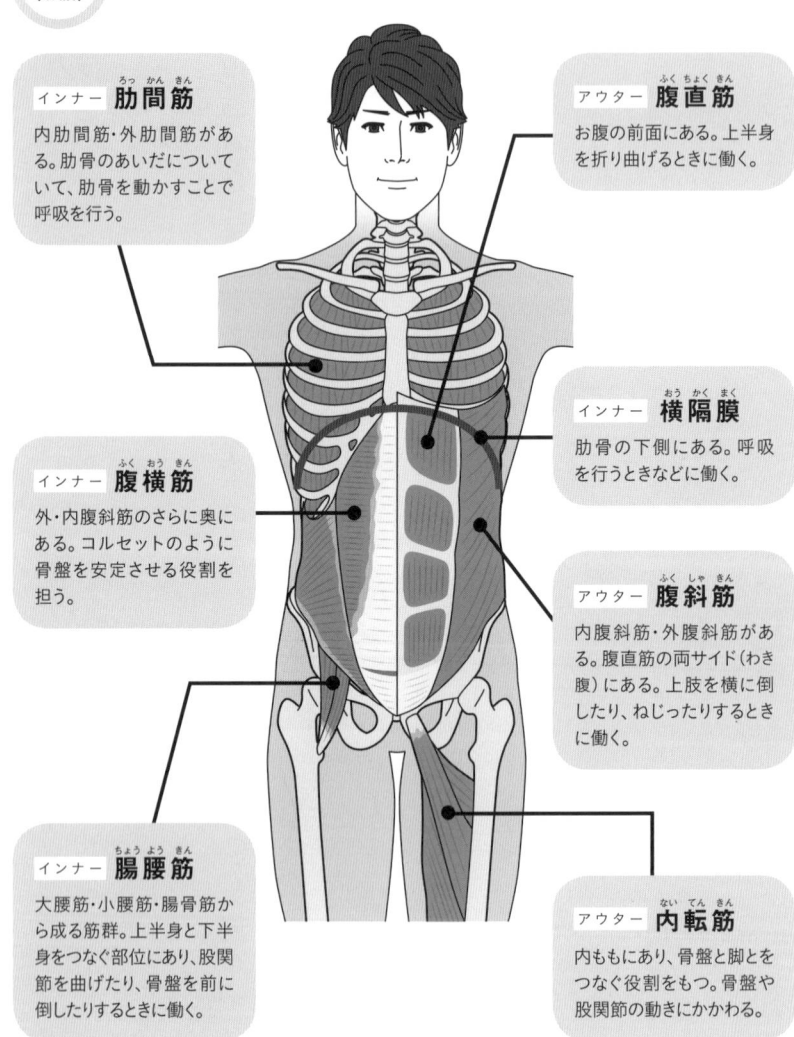

後ろ面
（背中）

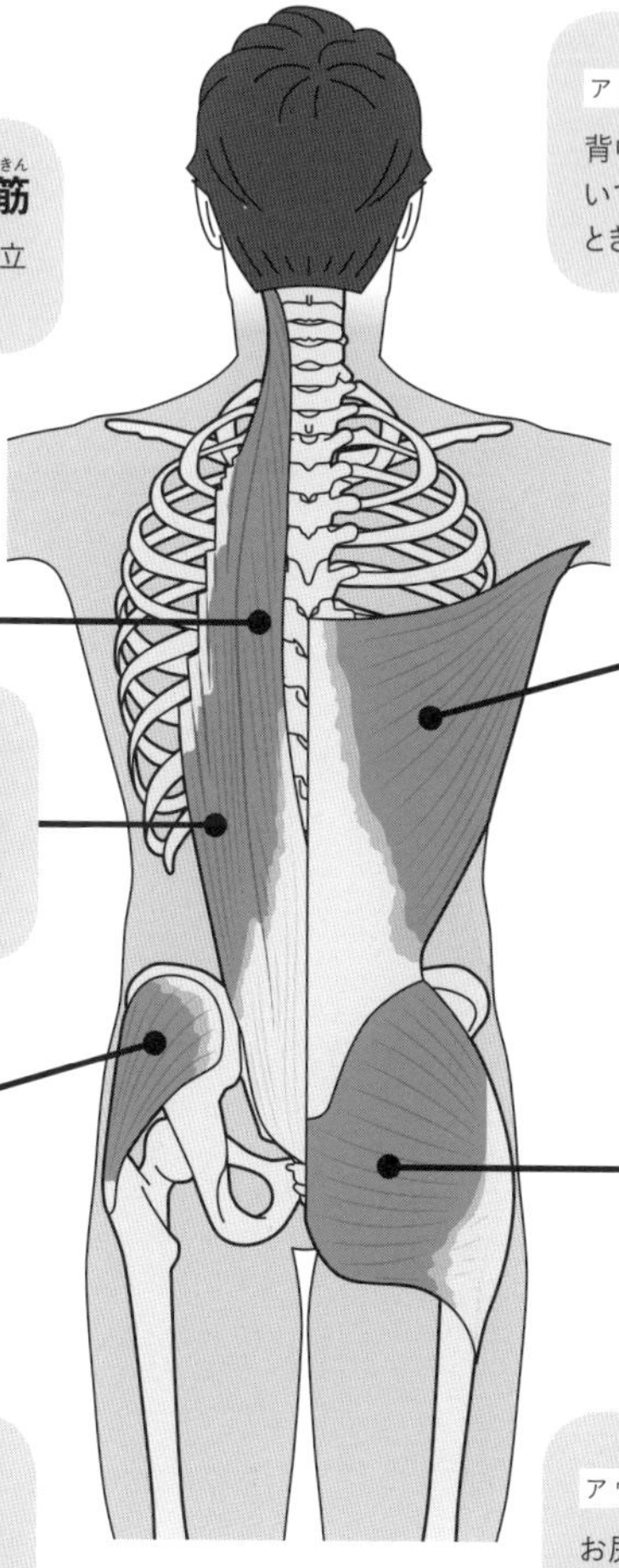

インナー **脊《せき》柱《ちゅう》起《き》立《りつ》筋《きん》**

背骨に沿ってついている。立位姿勢を支える。

アウター **広《こう》背《はい》筋《きん》**

背中の表面を覆うようについている。腕を後ろに引くときなどに働く。

インナー **多《た》裂《れつ》筋《きん》**

脊柱起立筋の内側にある筋肉。脊柱起立筋とともに働く。

インナー **中《ちゅう》殿《でん》筋《きん》**

大殿筋の内側にある。片脚立ちになったときに身体が左右にぶれないように働く。

アウター **大《だい》殿《でん》筋《きん》**

お尻のもっとも表層にある大きな筋肉。股関節を伸ばすときに働き、歩行にかかわる。

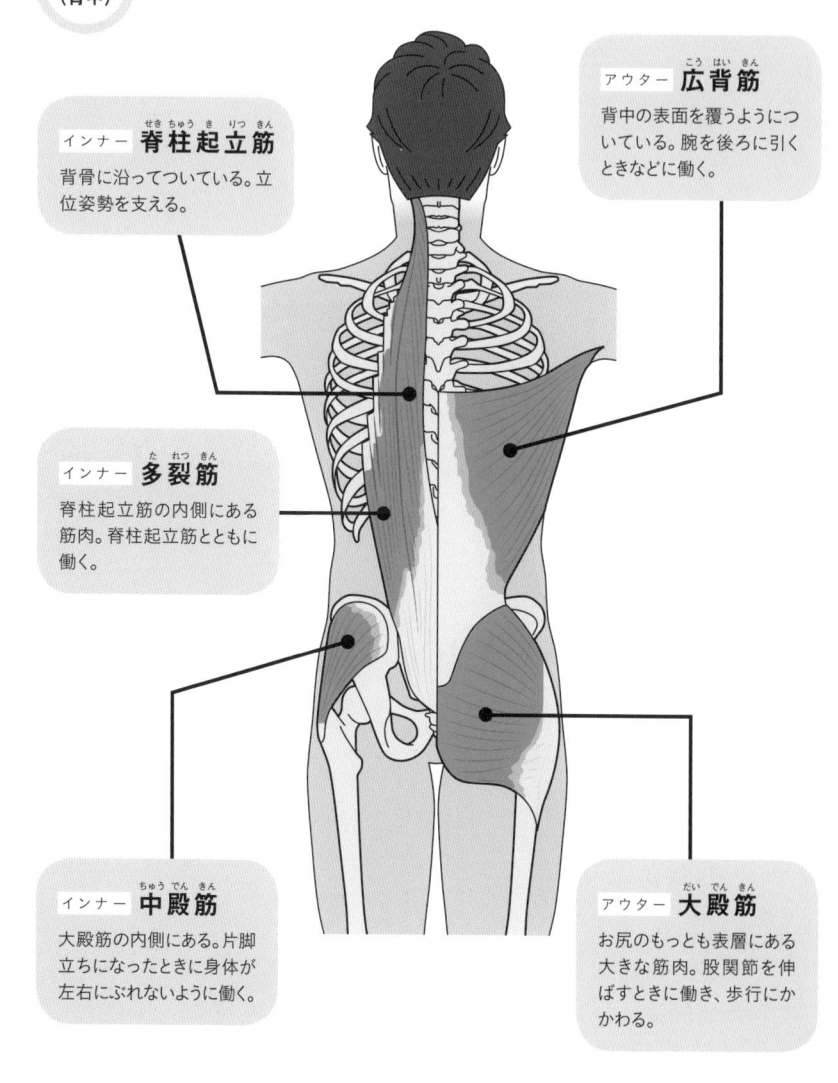

人間の身体は連動して動くもの

腹筋運動には「背筋」も使われている

お腹を凹ますためには、トレーニングによって「腹筋」をしっかり使っていくことが必要です。では、そもそも「筋肉を使う」とは、どういうことなのでしょうか。「筋肉を使う」とは、筋肉が力を発揮している状態を意味します。

筋肉は、長さを変えずに力を発揮することもありますが、多くの場合、縮んだり（収縮《しゅうしゅく》）、伸びたり（伸長《しんちょう》）しながら力を発揮しています。

ただし、筋肉はその特性上、自力で伸びることはできません。筋肉にはかならずペアで働く筋肉（拮抗筋《きっこうきん》）があり、一方の筋肉が縮むことで、もう一方の筋肉を伸ばしたり、もとの長さに戻したりしているのです。

ここでいう筋肉とは骨についている筋肉（骨格筋《こっかくきん》）のことで、たいていは関節をまたぐようについています。そして、その関節を動かすために互いに相反する働きをする筋肉が連動して働きます。

たとえば、一般的な腹筋運動の場合、「上半身を起こす＝背骨を丸める」という動作を実現するために、ターゲットの腹筋だけでなく、背筋も使います。

つまり、お腹側にある筋肉（腹直筋《ふくちょくきん》）が縦方向に縮みながら力を発揮しているとき、ペアの関係にある背中側（広背筋《こうはいきん》）の筋肉は伸びながら力を発揮しているのです。

筋肉を鍛えるときは、拮抗筋の存在も意識することが大切です。

腹筋運動を行うときの筋肉の働き

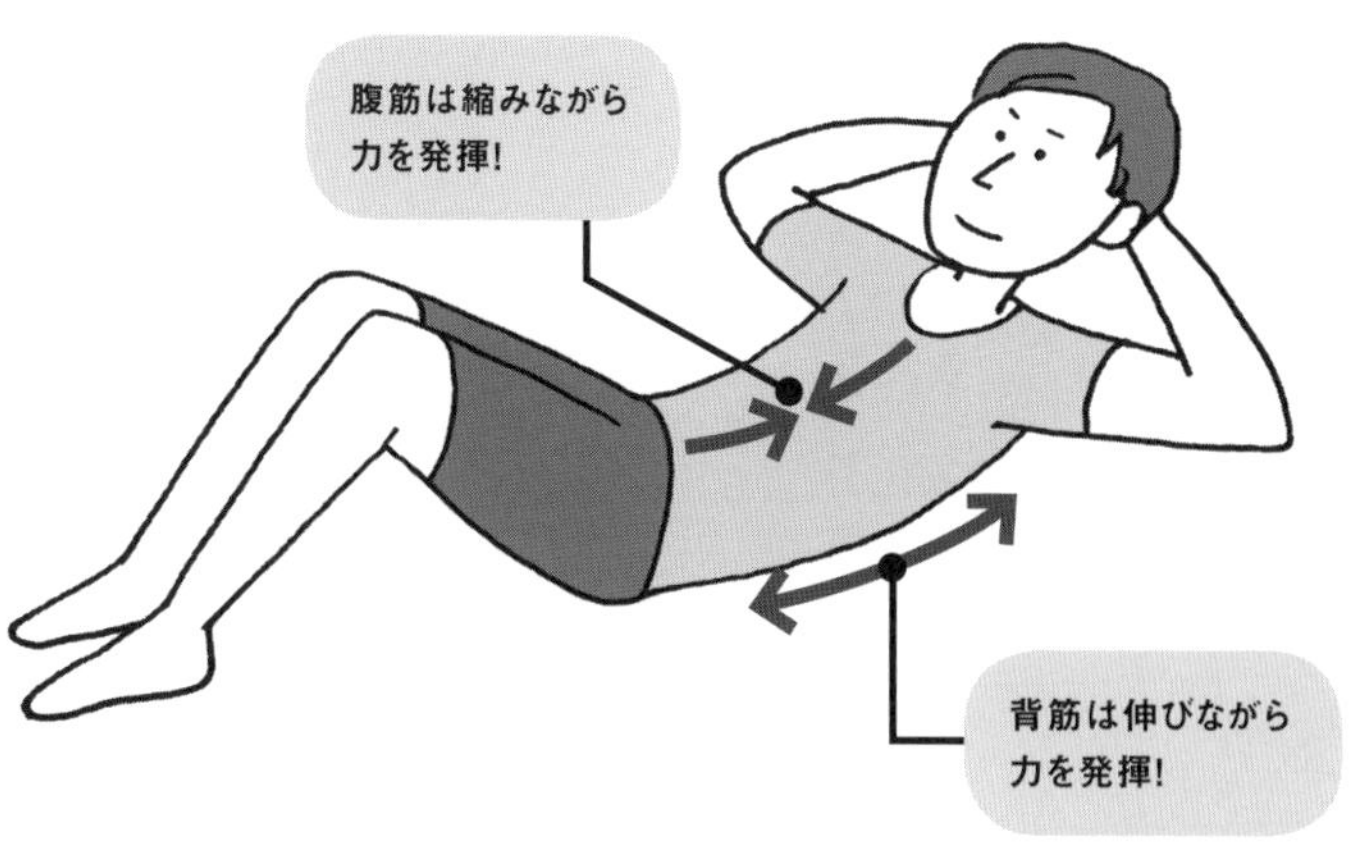
腹筋は縮みながら
力を発揮!
背筋は伸びながら
力を発揮!

肩甲骨と骨盤は、背骨を通じて連動している

さらに、感覚的に知っておいてほしいのが、全身の連動性です。

とくに、骨盤と肩甲骨《けんこうこつ》の背骨（脊椎《せきつい》）を通じての連動性は、さまざまな身体運動を実現するうえで要《かなめ》となっています。

骨盤と肩甲骨は離れた位置にあり、バラバラに機能しているように見えますが、これらの骨は背骨を通じてつながっているため、それぞれのポジションや可動は互いに影響し合っています。

「歩く」という動きの中で見てみると、骨盤の前傾にはじまり、背骨の回旋《かいせん》、肩甲骨の内転《ないてん》……と、それぞれの動きが連動して起こっていることがわかります。このようにひとつひとつは小さな動きの連動に、手足を動かす関節の可動域《かどういき》や柔軟性、筋力が加味されて、その人の歩行がつくられているのです。

ですから、関節が硬くなって動かしづらくなっていると、歩幅や腕の振りが小さくなり、筋肉がしっかり使われなくなり、エネルギー代謝が低下し活動量そのものが減ってしまいます。連動性を意識し、関節がスムーズに動かせる状態を取り戻すことが大切です。

歩く……踏み込むまでの動作における連動

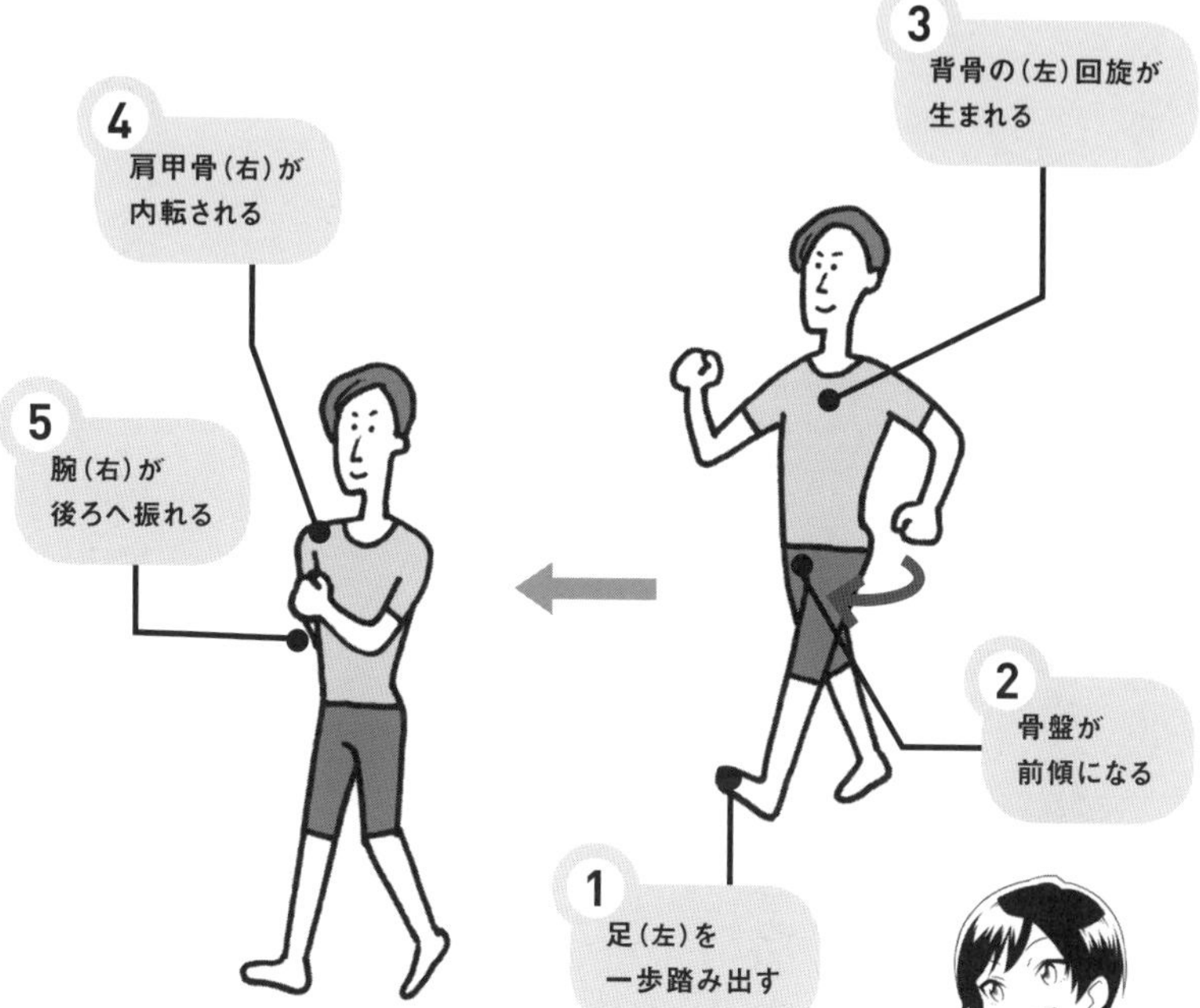
3
背骨の（左）回旋が
生まれる
4
肩甲骨（右）が
内転される
5
腕（右）が
後ろへ振れる
2
骨盤が
前傾になる
1
足（左）を
一歩踏み出す

背骨の回旋に注目！　歩くときは、胸のあたり（胸椎《きょうつい》）の回旋によって身体が振れます。そのため、胸椎が動きづらくなっていると、腰のほう（腰椎《ようつい》）から回旋させて、動きを助けてしまうことも。これにより、腰への負担が大きくなっています。
実は、わたしの胸椎はかなり硬いほうで、疲れが腰に出やすい一因となっている、と実感しています。

呼吸が浅いと太りやすくなる

いつでも深い呼吸をしていますか？

わたしたちの身体は、呼吸によって、身体に必要な酸素を取り込み、不要なガスを吐き出して生命活動を維持しています。

通常は、自律神経の働きによって無意識に行われます。

自律神経には、身体が活動状態にあるときに優位になる交感神経《こうかんしんけい》と、穏やかでリラックスした状態にあるときに優位になる副交感神経《ふくこうかんしんけい》があり、活動時間や状況によって、相互にバランスよく働きながら心身の調子をはかっています。

ところが、**日常的に呼吸が浅くなっていると、交感神経が刺激され、優位に働き続けます。すると、身体はストレスに晒《さら》されて緊張を強いられているときと同じ状態になり、心**

身ともに疲れやすくなります。

また、浅い呼吸では、酸素を多く取り込むこともできません。肺での十分なガス交換が行われなくなり、その結果、血流が悪くなって、代謝の低下につながります。太りやすくなってしまうのです。

さらに、酸素摂取量が少ないと、脳の活動も抑制し、うつ症状など精神不安を引き起こすことも。

呼吸が浅いことによる弊害は実に大きいものなのです。日ごろより意識して呼吸を深くして、副交感神経の働きをよくして、心身を安定させることが重要です。

呼吸器官である肺は、胸椎《きょうつい》（背骨の一部）と肋骨《ろっこつ》や胸骨《きょうこつ》、それらに付着した筋肉（横隔膜《おうかくまく》や肋間筋《ろっかんきん》など）によって囲まれたスペース（胸腔《きょうくう》）の中にあります。横隔膜は胸郭《きょうかく》と腹腔《ふくくう》の境界にある筋肉で、ドームがふくらむように上下します。肋間筋は、肋骨を動かす筋肉で、この働きによって胸郭そのものを広げます。

肺は、自力で収縮して空気の出し入れを行うことができません。呼吸筋の力を借りながら、膨らんだりしぼんだりしてガス交換を行っているのです。

呼吸のときの横隔膜と肋骨の動き

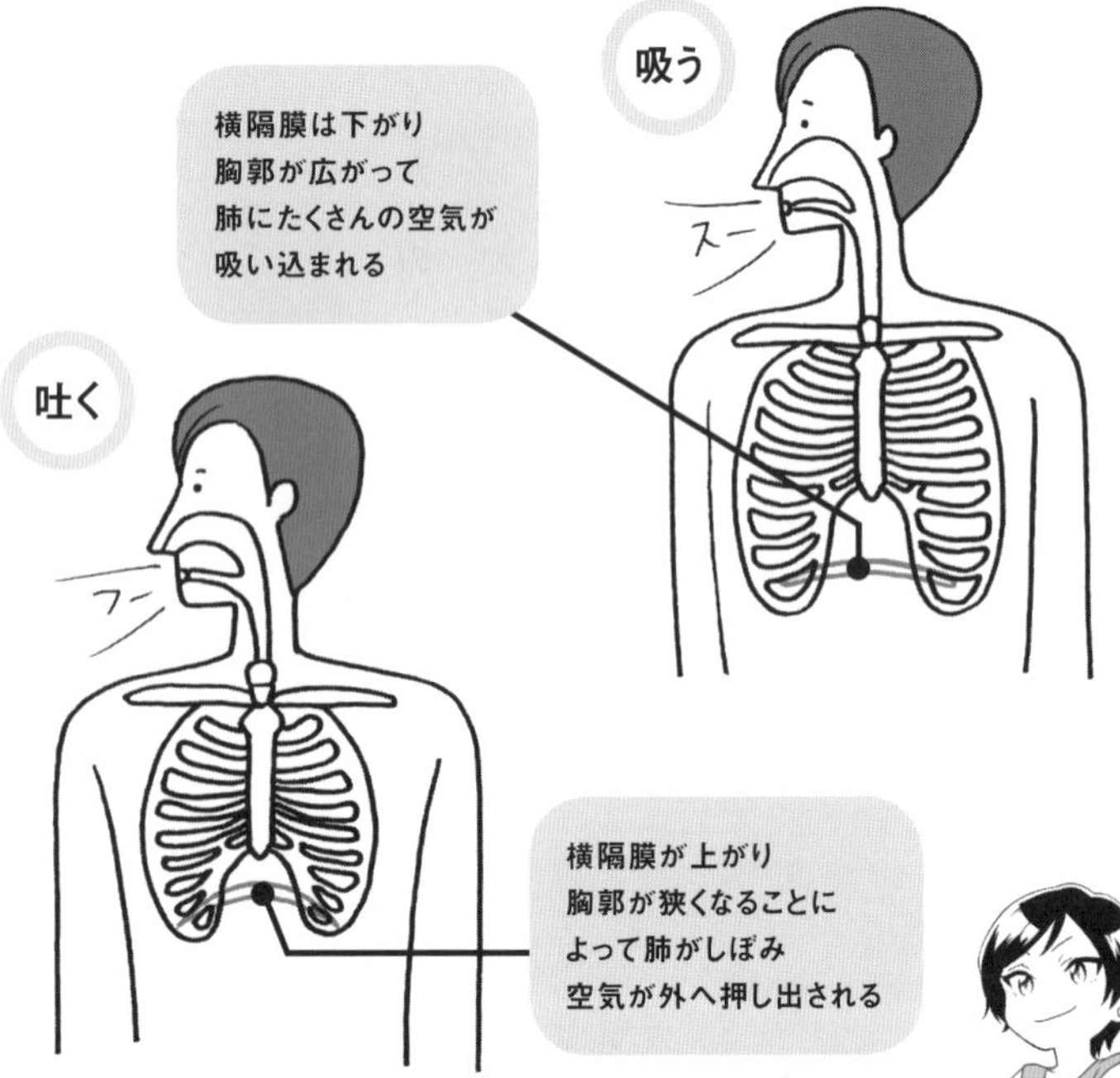
吸う
横隔膜は下がり
胸郭が広がって
肺にたくさんの空気が
吸い込まれる
スー
吐く
フー
横隔膜が上がり
胸郭が狭くなることに
よって肺がしぼみ
空気が外へ押し出される

自分の呼吸の長さを知るために、1分間の呼吸数をカウントしてみましょう。

［平均呼吸数（大人・安静時）　16回／分］

これより回数が多いようであれば、呼吸が浅い傾向にあります。日ごろから、ゆっくり呼吸を行うように意識してみてください。

また、お腹凹ませのトレーニングでは、「10秒かけて吐く、10秒かけて吸う」というのを目安としています。ただし、これはあくまでも目標値としてあげている呼吸の長さ。まずは、自分ができる呼吸の長さを最大限利用して行うようにしてください。最終的に〝10秒呼吸〟ができるようになると、お腹への効き方も変わってきます！

お腹凹ませには、呼吸を止めないことが大事

腹筋のトレーニングでは、お腹に力を入れようとしたときに、思わず「ふんっ」と力んで息を止めてしまったり、いつの間にか、呼吸することを忘れてしまっていたりするものです。

せっかくのトレーニングも、呼吸を止めてしまうと、呼吸筋が使われなくなるうえに、血流が悪くなってしまうので代謝が上がらず、十分な効果が得られません。

力を入れる瞬間や身体を動かしているあいだは、呼吸を止めないようにしましょう。

呼吸の長さは人によって異なりますが、お腹凹ませのトレーニングでは、できるだけゆっくりとした呼吸を心がけてください。

とはいえ、通常の状態から長く吸い続けるのは意外と大変です。まず、身体の中にある空気を吐ききってから吸うようにすると、しっかりたくさん吸えるようになります。呼吸も、練習すればゆっくり長くできるようになり、インナーの呼吸筋の活動量が増えれば、代謝も上がるのでトレーニング効果もアップします。

今日はみんなの身体の〝サビている〟ところを探していきます
サビついた身体ではトレーニングをしても使いたい筋肉をきちんと使うことができず思うような効果が期待できません
〝サビている〟ってなんだかこわいですね
ギシギシ
〝サビている〟というのは筋肉が硬くなっていたり関節の可動域《かどういき》が小さくなっていたり……
カチコチ
スムーズに動かすことができなくなっている状態のことよ

身体が硬い……みたいなことですか？
それも少しあるかなでも 柔軟性だけではありません
肩甲骨《けんこうこつ》 骨盤 股関節《こかんせつ》など運動の支点となっている箇所と
それらをつなぐ背骨の動き可動性をチェックしていきます
可動性……どうやって調べるんですか？
?
みんなには「キャット&カウのポーズ」をやってもらいます
この動きは全身を運動させて動かすことが必要なのでどの部分が動きづらい状態にあるかつまり〝サビている〟かが一目瞭然なの
まずはやり方を説明しますね

1 四つん這《ば》いになり、息を吐きながら
ゆっくりと背中を丸めていく
・手はまっすぐ肩の下
・ひざはまっすぐ骨盤の下
CAT
2 息を吸いながら、背中を伸ばし
ゆっくり顔を上げる
・首と背中を伸ばす
・骨盤の位置を変えない
COW
はい ではみんなも 同じように やってみて ください
四つん這いになって 息を吐きながら ゆっくり背中を 丸めていきましょう

……できてるかな？
う 動かない……
？
？
シーン
骨盤 もうそれ以上は動かないかな？
尾骨《びこつ》を真下に向ける……ってできる？
尾骨……？
ぐぐぐ
ふむふむ きつそうね
小林さんのサビは骨盤まわりにありそう
はい いったんもとの四つん這い姿勢に戻ってください 今度は息を吸いながらゆっくり首を前に背中を伸ばしていきましょう

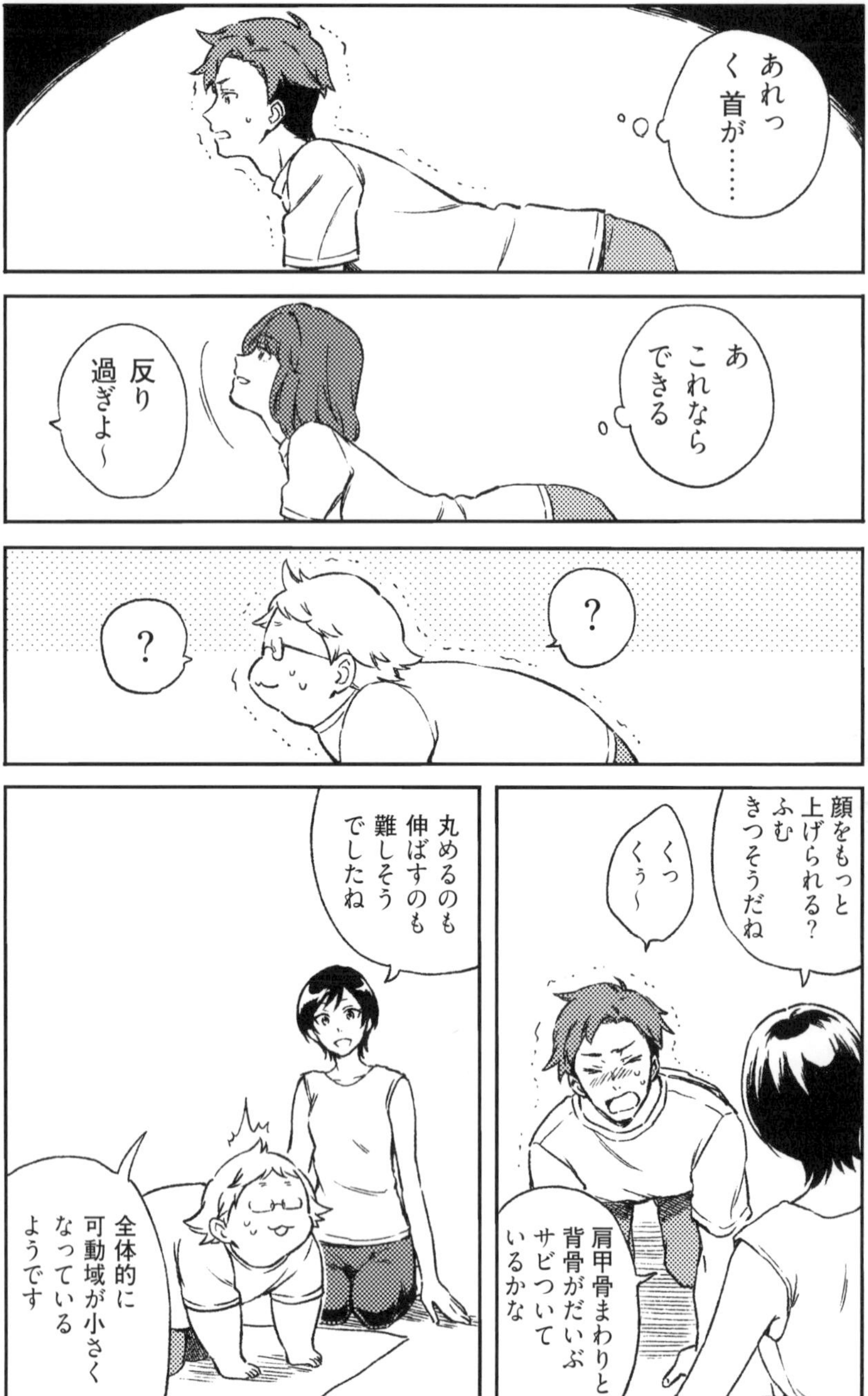
あれっ く首が……
あ これなら できる
反り過ぎよ〜
?
?
顔をもっと上げられる? ふむ きつそうだね
くっ くぅ〜
肩甲骨まわりと背骨がだいぶサビついているかな
丸めるのも伸ばすのも難しそうでしたね
全体的に可動域が小さくなっているようです

それぞれが動かしにくい部分 つまり〝サビている〟箇所がわかりましたね
ぜんぜん思うように動かせなくてびっくりしました……
トレーニングの効果を上げるためにもサビを解消し身体の機能を取り戻すことからはじめましょう
はい
……でも何をすればいいですか？
今の動きを繰り返してやってもらうのも有効ですがサビが強い箇所がみなさんそれぞれ違うようでした
なので このあとでさらにピンポイントでサビ度を確認していきます
部位ごとにトレーニングも紹介していくので動かしにくいところほどキャット&カウとセットで行うとより効果的です！

身体のサビって何？サビチェック＆解消トレ

サビのある身体では、お腹は凹まない

〝身体がサビている〟とは、いったいどういうことでしょう。

よく「身体が硬い」とか「柔軟性がない」などといいますが、サビとは、筋肉が硬くなって、関節が本来の可動域《かどういき》まで動かせなくなってしまっている状態をいいます。

これは、日ごろからあまり身体を動かさなかったり、いつも決まった動きしかしていなかったりといった習慣の積み重ねによって生じます。

いつも同じ姿勢でデスクワークに従事している人などは、首や肩がガチガチに硬くなっていませんか。もし「後ろを振り向きづらい」「腕が上がりにくい」といった状態であれば、それは首や肩の関節の可動域が小さくなっているためです。

このように関節の可動域が狭くなっているまま放っておくと、使われない筋肉はますます硬くなり、血流やエネルギーの巡りも悪くなって代謝も低下します。

人間の身体は連動しているので、どこか1箇所にサビがあり、動きづらくなっている身体でトレーニングを行うと、思うように身体を動かすことができないので、代わりの筋肉（代償筋《だいしょうきん》）に頼ったりしてしまいます。

また、反動や勢いをつけることでかたちだけを追ってしまったり、とにかく効率よくターゲットの筋肉に効かせていくことができません。

まずは、もっと自分の身体に興味をもちましょう。身体は、あなた自身にとって最高のおもちゃです！　使い方がわかるまで徹底的に、あれこれ試してみてください。どう動かすと、どう感じるか、いろいろ試すうちに、感覚が研ぎ澄まされていくはずです。

自分の身体を自由にコントロールできるようになれば、運動効果も格段に上がります。

そのためにも、まずはサビを解消し、本来の動きを取り戻すことが先決です。もちろん、呼吸も大事です。サビ解消トレでは、できるだけゆっくりの呼吸を意識しましょう。

背中で握手できますか？

肩甲骨の可動域をチェックする

肩甲骨《けんこうこつ》とは、背中の上方にある三角形のかたちをした骨のことで、〝天使の羽根〟ともいわれます。鎖骨《さこつ》や腕の骨（上腕骨《じょうわんこつ》）とともに肩関節の動きに関与して、鎖骨から靭帯《じんたい》によって吊り下げられるように連結しているだけなので、宙に浮いているようで不安定な反面、複数の筋肉の働きにより「肩を上げる・下げる」「肩甲骨を開く・寄せる」「腕を動かす」などさまざまな運動が可能となっています。

そのうえ、肩甲骨は、背骨や骨盤とともに、身体の軸の一部として機能するため、肩甲骨まわりのサビは致命的です。

前かがみ姿勢がクセになっていると、肩甲骨まわりの筋肉は硬くなりやすく、胸を開く動作が困難になるだけでなく、酸素を取り込む力にも影響します。

サビCHECK!

背中で握手

片方の腕を上から、もう一方の腕を下から背中にまわします。
互いの手を握ることができますか?
腕を上下逆にしてもやってみてください。
左右でちがいはありますか?

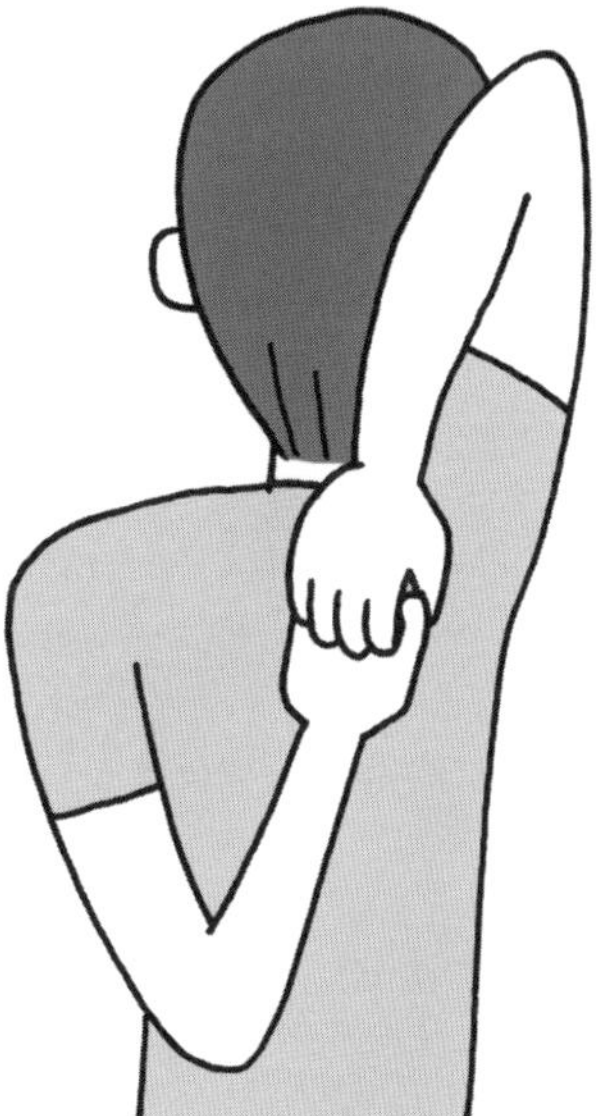

次ページで
サビ解消!

握手できれば、肩甲骨まわりの可動性は十分確保されています。
握手できない、指先が触れない、距離がある……という人は、要注意!
左右で差がある人は、身体の左右バランスが崩れている可能性も。
日ごろから、左右均等に身体を使っていくことを意識しましょう。

サビ解消トレ・肩甲骨を動かす

肩甲骨まわりにあるインナーの筋肉をほぐします。

抱きしめて揺らす

1. 仰向けに寝て、身体の前で腕を交差させて反対側の肩《けん》甲《こう》骨《こつ》（骨）をつかむ。
2. 左右交互に肩甲骨（骨）をもち上げて揺らす。

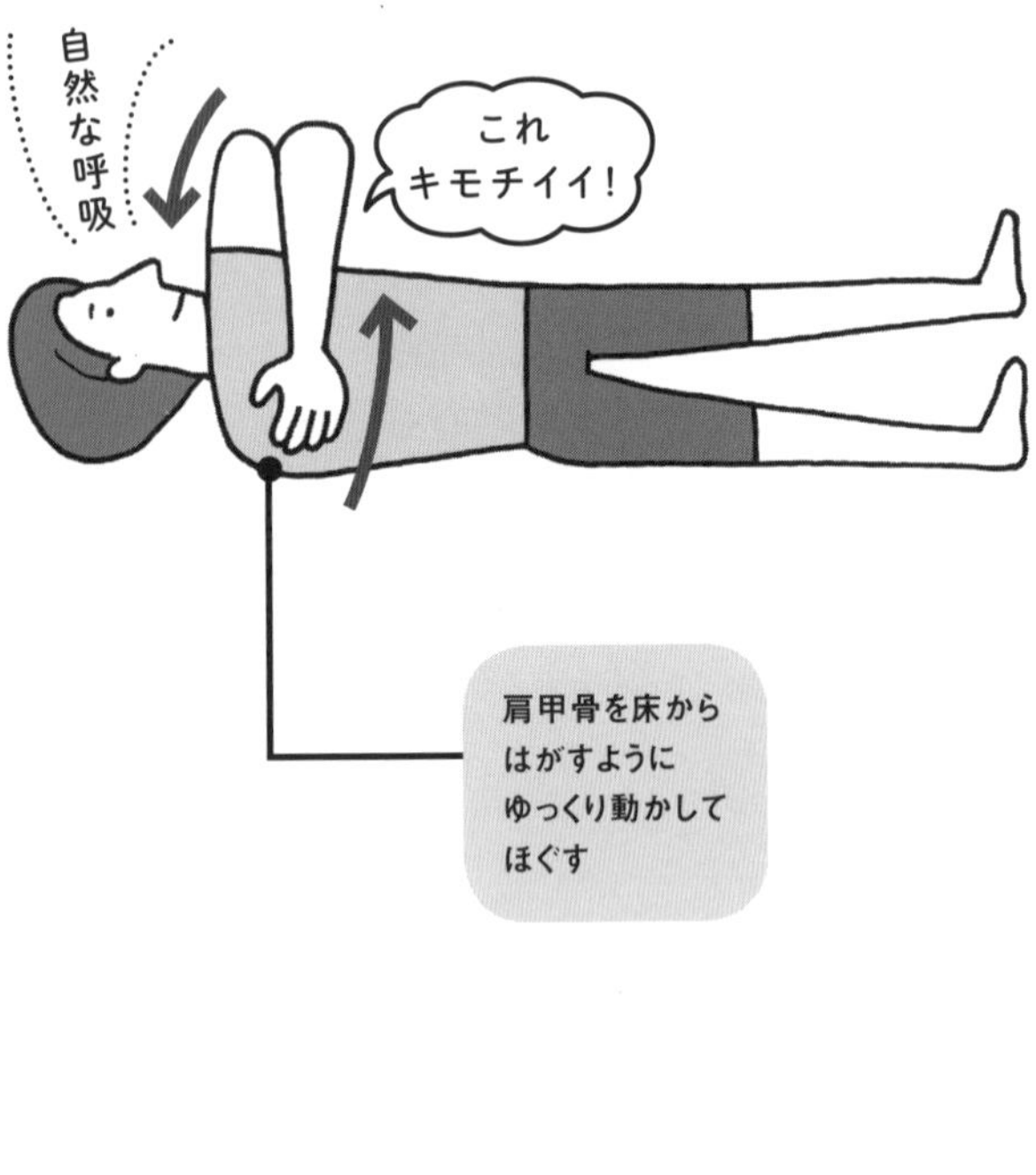
自然な呼吸
これ
キモチイイ!
肩甲骨を床から
はがすように
ゆっくり動かして
ほぐす

手のひらスライド

1. 横向きに寝て
両手を伸ばして手のひらを合わせる。

2. 上の手をまっすぐにスライドさせる。
ひじを伸ばした状態で肩甲骨から動かす。

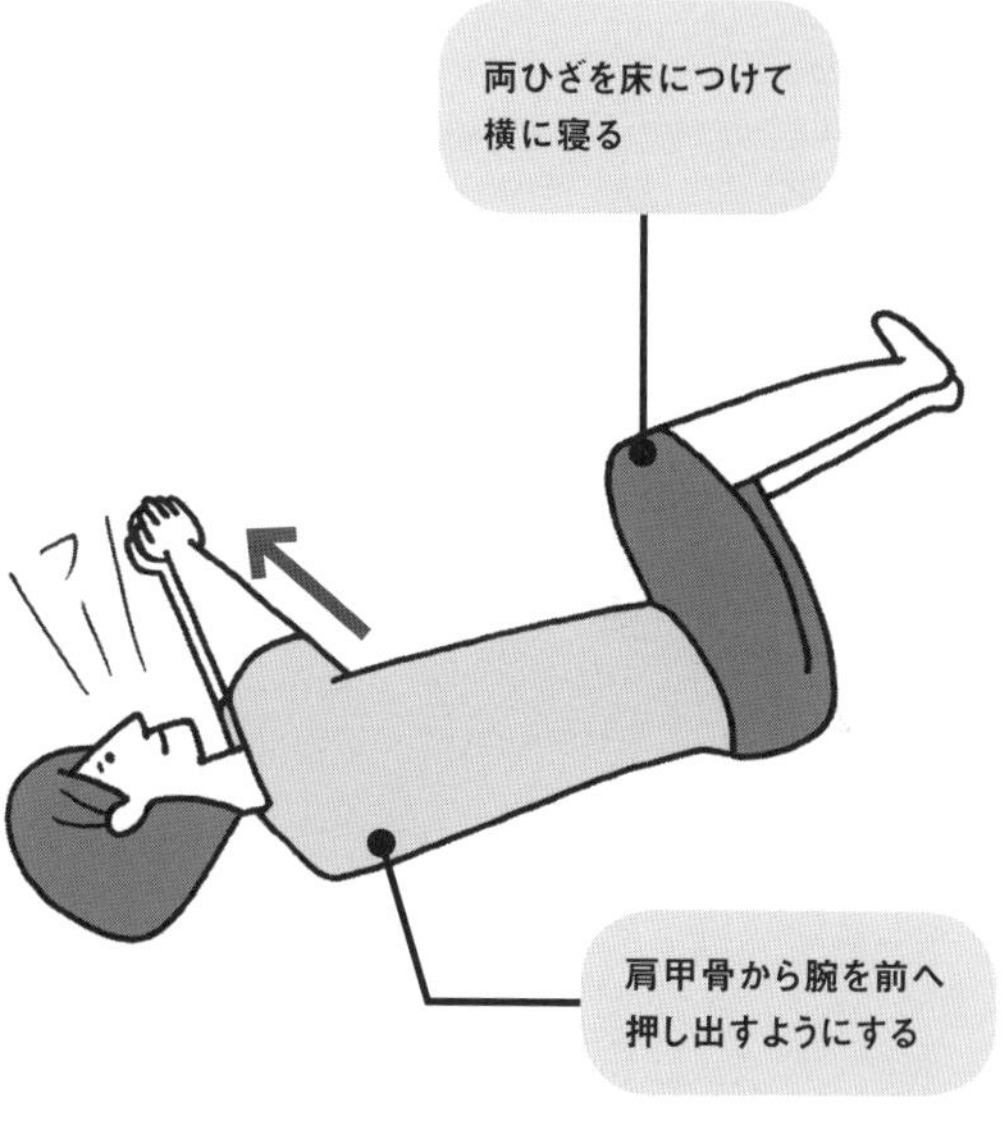
両ひざを床につけて
横に寝る
肩甲骨から腕を前へ
押し出すようにする

NG

手が斜めにずれてしまったり
ひじが曲がってしまったり
してはダメ

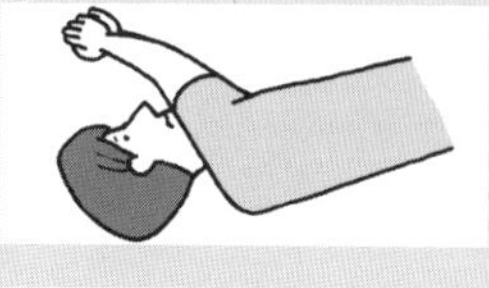

両手で後ろの壁を押せますか？

背骨の可動性をチェックする

背骨（脊椎《せきつい》）は、1本のまっすぐな棒ではありません。24個の小さな骨（椎骨《ついこつ》）が連結して成り立っています。この構造により、上体を「丸める（前屈《ぜんくつ》）」「反る（後屈《こうくつ》）」「横に倒す（側屈《そっくつ》）」「回旋《かいせん》する」などの運動が可能となっています。

背骨そのものの可動性は、それほど大きいものではありませんが、いろいろな方向に動かすことができる柔軟性があり、手足（四肢《しし》）と連動し全身を動かしています。

背骨をおもに支える筋肉は脊柱起立筋《せきちゅうきりつきん》ですが、上半身の運動には、背筋だけでなく腹筋も使います。硬くなって動かないままの背中では可動が小さく、大きなエネルギー消費が期待できません。

また、肺は背中側にも膨らむため、背中が硬いと呼吸にも影響します。

☑サビCHECK!

後ろの壁押し

壁の少し前に立ち、両手で後ろの壁を触れますか？

両足の位置を変えず、後ろを振り向くようにしてやってみてください。右まわり、左まわり、どちらがやりづらいですか？

次ページで
サビ解消！

上半身だけをまわして、後ろの壁を触れれば、背骨の可動性は十分です。腰からまわってしまっている人は、背骨が回旋しているとはいえません。かかとも浮いてしまうという人はだいぶ硬いです。サビ解消トレでほぐしていきましょう。

サビ解消トレ・背骨を動かす

▼▼▼ 背骨を構成する椎骨のあいだにスペースを確保していきます。

座ってねじる

1. いすに両足を揃えて座り、ひじを開いて両手を頭の後ろに軽く添える。
2. 息を吐きながら上半身を左右にねじる(回旋《かいせん》)。

背骨の回旋を意識して雑巾を一方向に絞るようなイメージで行う

下半身が安定しないときはもものあいだにペットボトルを挟んで行う

一方向にねじった状態から、反対側を伸ばすように意識すると、もう少しねじることができます。

壁の前で横に倒す

1. 壁の前に立ち、ひじを開いて
両手を頭の後ろに軽く添える。

2. 息を吐きながら
上半身を左右に倒す（側屈《そっくつ》）。

フー
肩甲骨《けんこうこつ》とひじが壁から
離れないようにする
ひじを腰骨に
近づけていく

一方のわき腹を縮めた状態から、反対側のわき腹を伸ばすように
意識すると、もう少し倒していくことができます。

脚を伸ばして座れますか？

もも裏の硬さをチェックする

「床の上に脚を伸ばして座る」――これを長座姿勢《ちょうざしせい》といいます。正しい長座は、「骨盤を立て、両脚を揃えて伸ばす」ことによってつくられます。

このとき、お腹まわりのインナーの筋肉（インナーユニット）やもも裏の筋肉（ハムストリングス）の柔軟性がしっかり働いていないと、内ももがゆるみ、骨盤が後ろに引っ張られ腰が丸くなってしまうので姿勢を保つのが難しくなります。お腹が出ている人の多くは、このような状態になっているといっていいでしょう。

また、もも裏の筋肉が硬くて歩くときに十分な力を発揮できないと、歩幅が小さくなり、股関節が大きく動かないので運動量が増えません。代謝を上げるためにも、もも裏の柔軟性は重要なのです。

☑サビCHECK!

長座姿勢

床の上に脚を伸ばして座れますか？
両脚を揃え、背すじを伸ばしてください。

次ページで
サビ解消!

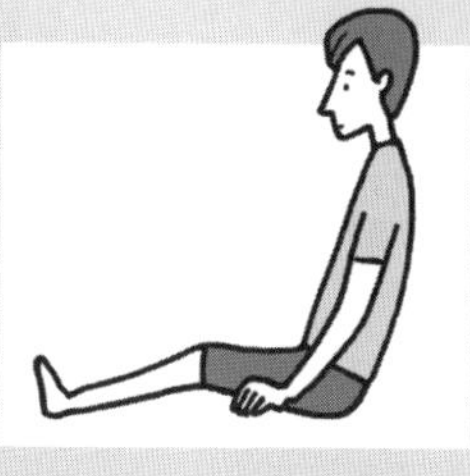

両脚を揃えて、ひざが伸びていれば、もも裏の柔軟性は十分です。骨盤が後ろに引っ張られて腰が丸まったり、ひざが伸ばせないという人は、骨盤まわりのインナーの筋力低下や、もも裏の筋肉が硬くなっている可能性があります。

サビ解消トレ・もも裏をほぐす

ガチガチに硬くなっているもも裏をほぐしていきます。

坐骨まわりをほぐす

正座をして、かかとをお尻とももの つけ根に合わせ
グリグリしながらほぐす。

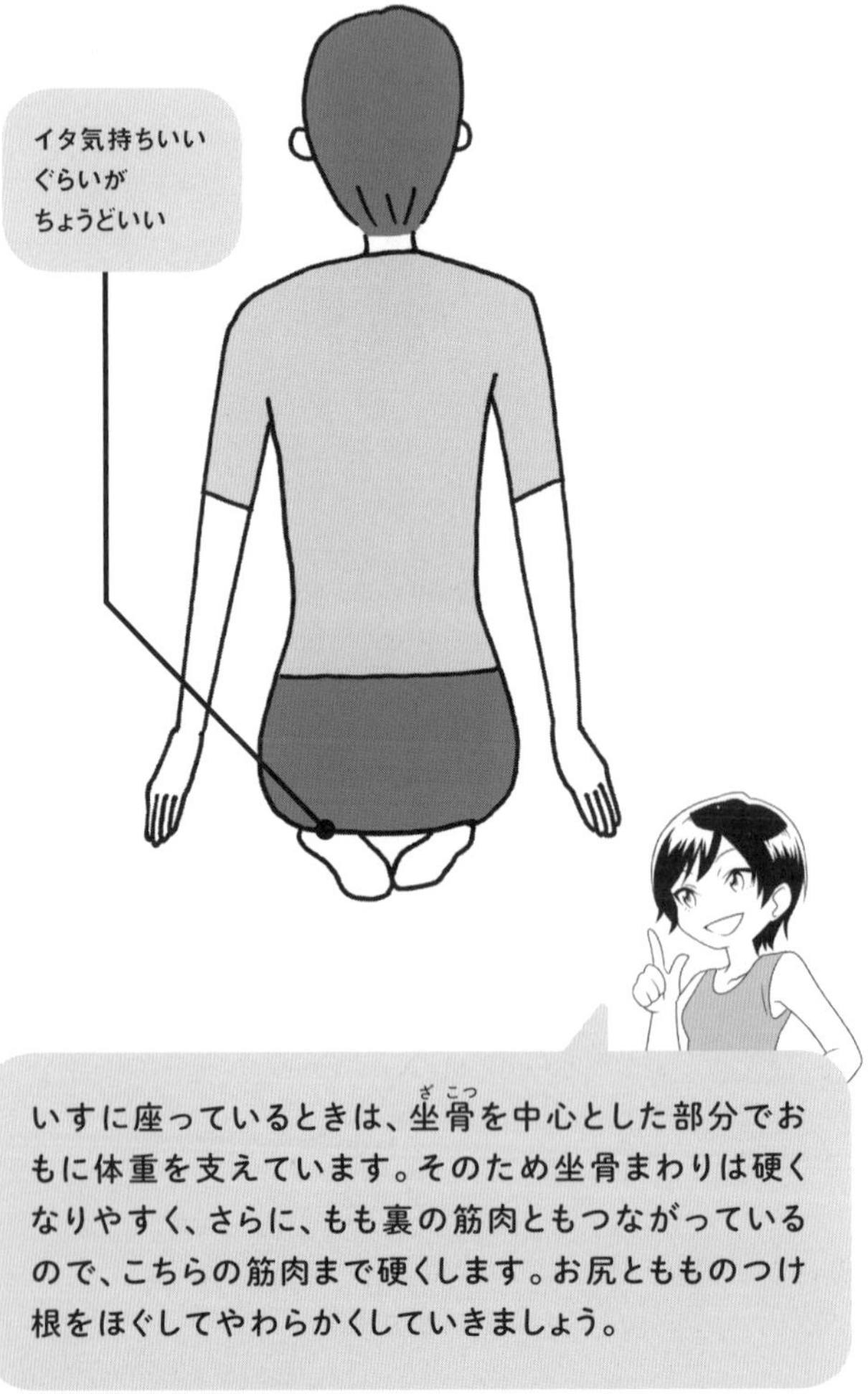

いすに座っているときは、坐骨《ざこつ》を中心とした部分でおもに体重を支えています。そのため坐骨まわりは硬くなりやすく、さらに、もも裏の筋肉ともつながっているので、こちらの筋肉まで硬くします。お尻とももの つけ根をほぐしてやわらかくしていきましょう。

もも裏を伸ばす

1 仰向けに寝て、片方の脚を上げ足の裏にタオルをかける。

2 タオルを引っ張りながらかかとをもも裏に近づけていく。

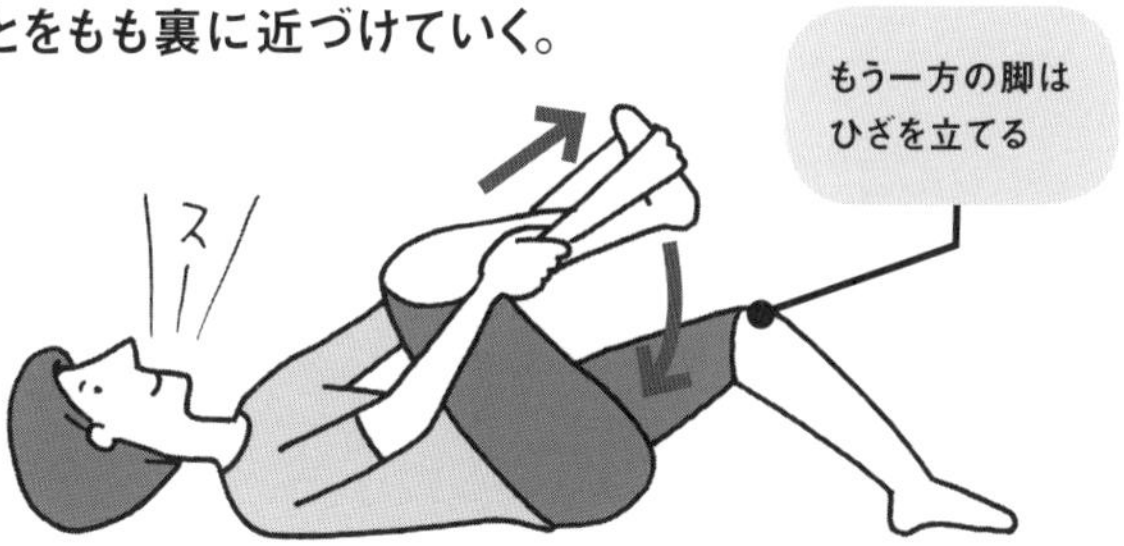
もう一方の脚は
ひざを立てる
ス

3 もも裏を緩めながら脚を上方に伸ばしていく。

4 ②③を繰り返す。逆側も同様に行う。

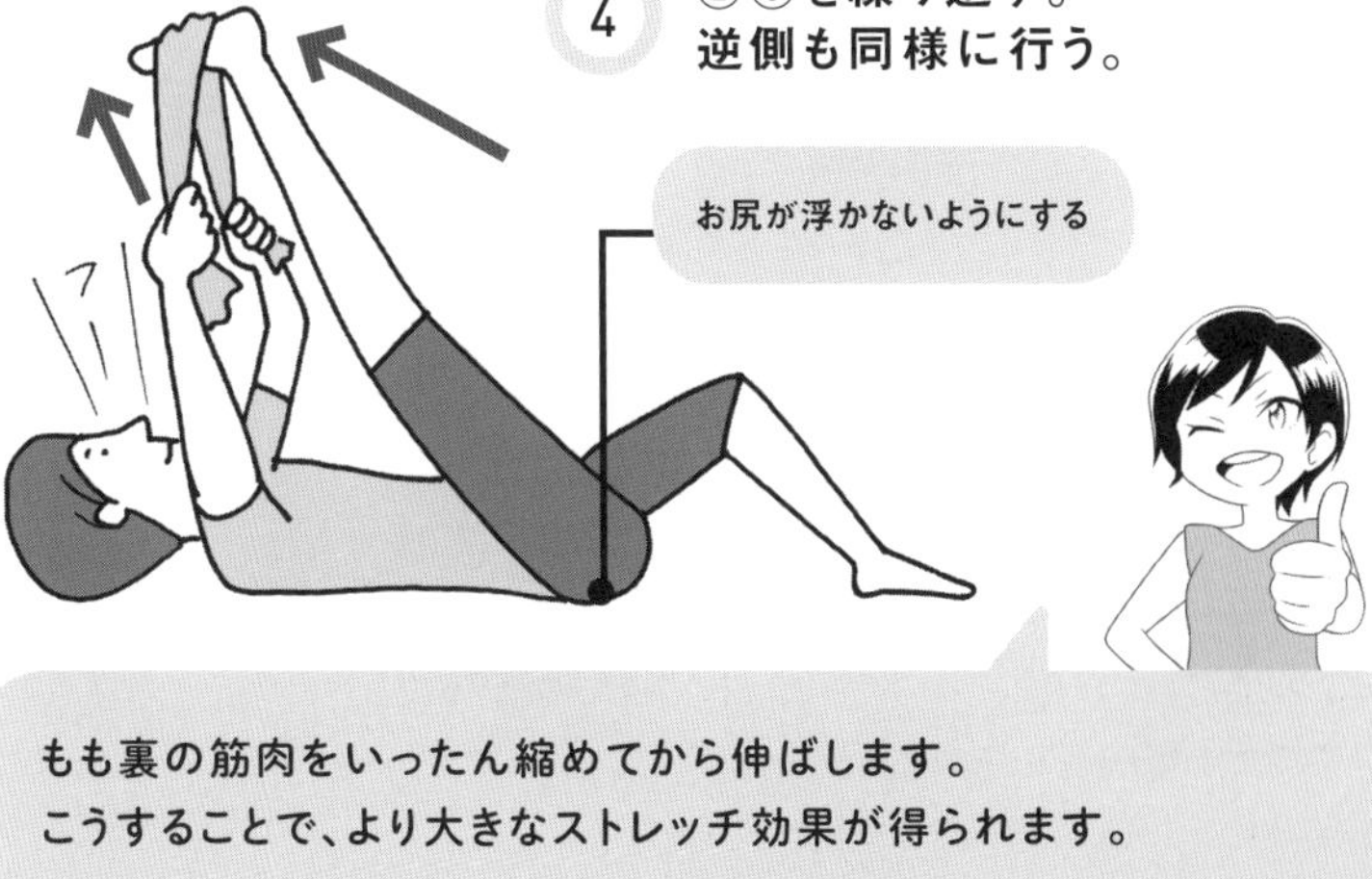
お尻が浮かないようにする
フ

もも裏の筋肉をいったん縮めてから伸ばします。
こうすることで、より大きなストレッチ効果が得られます。

足の指でタオルをたぐり寄せられますか？

足指と足首の可動域をチェックする

足の親指のつけ根（母指球《ぼしきゅう》）、小指のつけ根、かかとの内側、かかとの外側の4点（両足8点）で体重を支えているというのが、足裏をしっかり使った正しい立ち方です。

姿勢のクセなどで重心がズレていると、本来使うことのない部分の筋力を使って姿勢を保持しなければならないので、疲労や痛みの原因となります。足裏の4点を探りながら、均等に体重をかけるようにすると自然と重心が定まります。すると、体幹の筋肉も無理なく稼働され、立っているだけでも十分に代謝のよい身体がつくられていきます。

足裏のアーチ（足底筋《そくていきん》）には衝撃を吸収する役割があり、足をつくときに、ひざや股関節を守っています。また、足指や足関節の可動性にも関与しており、足指で床を蹴《け》る力が股関節を大きく動かす力につながっています。十分に機能を高めておくことが大事です。

☑サビCHECK!

タオル集め

床の上に置かれたタオルを足の指だけで
たぐり寄せてください。

次ページで
サビ解消!

すべての足指を使って、タオルをたぐり寄せることができればOKです。タオルをつかむことができない、集めてくることができないという人は、足指の力と足底筋の筋力が低下しています。

サビ解消トレ・足指を動かす

▼▼▼ 動きにくくなっていた足指を使ってほぐしていきます。

足指と手指で握手

1. 床の上に座り、足の指のあいだに手の指を入れて握手する。
2. ①の状態で、指を前後に動かす。

きつくて指が入らない
痛いというときは
ほぐしながら行う

足指グーパー

床の上に座り、足指でグー、パーを繰り返す。

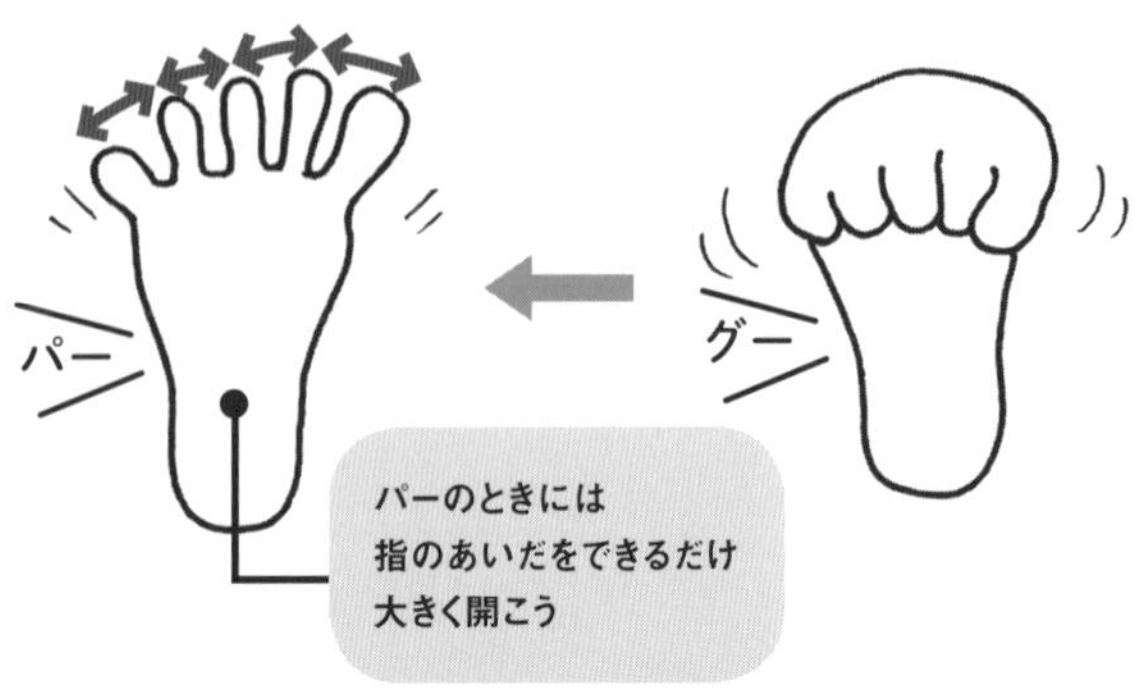
パー
グー
パーのときには
指のあいだをできるだけ
大きく開こう

第3章

究極の腹凹トレーニング
「これだけフッキン」

1日1回で効果抜群の腹筋トレーニングは、
やり方にポイントがあります。
腹筋にしっかり効かせる方法を練習していきましょう。

みんなサビも取れて身体をだいぶうまく扱えるようになってきました！準備は整ったわね
あは いよいよ筋トレですか
筋トレ キツイですよね やっぱり
ビク
ビク
心配ないわ いたってシンプルな腹筋運動よ
……
その名も――「これだけフッキン」！
そ 想像がつかない……。
「これだけ……」ってどういう意味ですか？
？
ふふ この腹筋運動だけでちゃんとお腹を凹ませることができる
それぐらい効果抜群の腹筋という意味よ

えー？

本当かなあ……

そんな夢のようなトレーニングなんてあるわけないよね？

ぞ〜〜

もしかしてものすごくキツイんじゃないの？？

はいはい勝手に想像して不安にならないの！

だって……

「これだけフッキン」はその人の呼吸の長さを最大限いかしてゆっくり行うからインナーもアウターもフル稼働させることができるの だから「これだけ」でいいというわけ！

そういえば呼吸ってすごく大事だったよね
「これだけフッキン」は上腹部パートと下腹部パートの2部構成になっています
まずは上腹部パートからね早速一緒にやっていきましょう！

呼吸については**68ページ**で確認!

[上腹部パート]はお腹を締めて凹ませた状態をつくることからはじめます!

[これだけフッキン]
START!

1 仰向けに寝て、ひざを開きリラックスして1呼吸する。

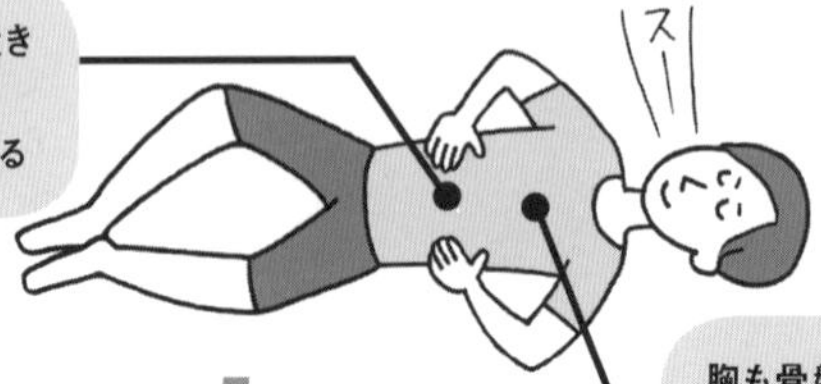
両手を肋骨《ろっこつ》に添えて置き息を吸い込んだときに肋骨が広がるのを感じる
スー
胸も骨盤も完全に力の抜けた状態にする

\呼吸/
息をフーッと吐ききってから、10秒かけて吸う

2 息を吐きながらひざを立てて骨盤を閉じる。

\呼吸/
10秒かけて吐く

フー
へそを床に押しつけるイメージでお腹を凹ませる
息を吐きながら肋骨が小さくなるのを感じる

骨盤を閉じる……??
ひざを閉じる動きを利用して骨盤を一緒に閉じるの
緩んでた骨盤が締まる感じわかる?
あ なるほど!
これが「お腹を締めて凹ませている」状態よ この状態をいつも意識して動いてね

54~59ページのマンガで確認!

上腹部が締まっている感覚を確かめながら
上半身を起こす準備をしていきます！

3　いったん息を吸い、その息を吐きながら頭と肩をすこし上げる。

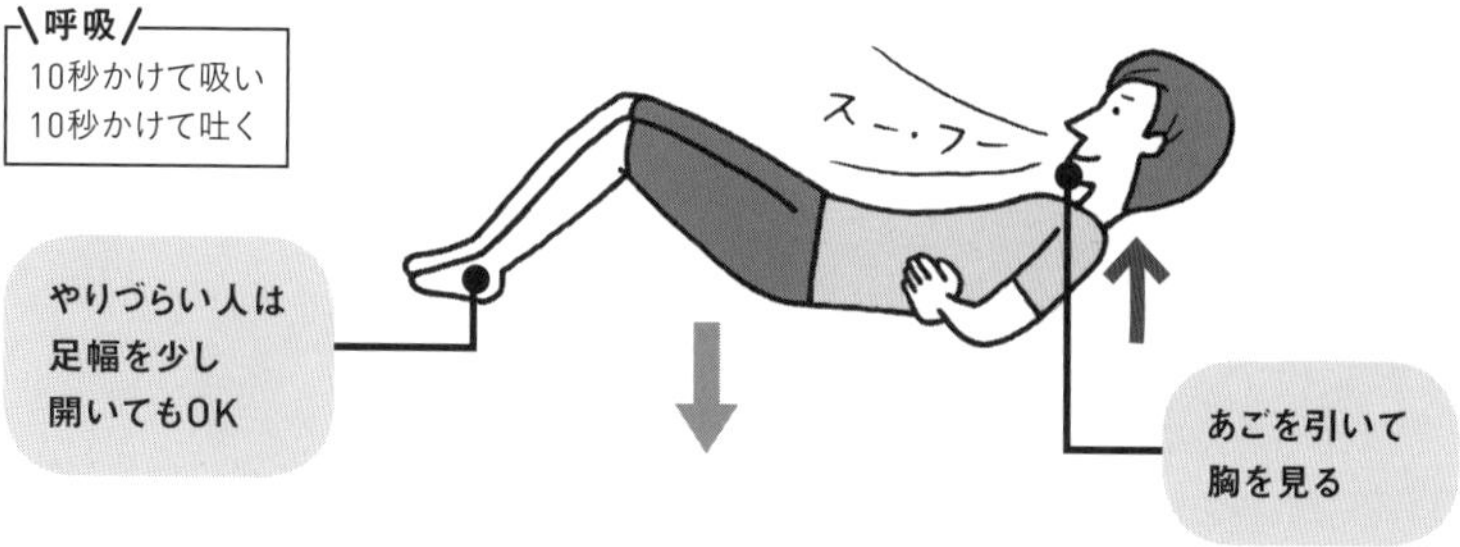
呼吸
10秒かけて吸い
10秒かけて吐く
スー・フー
やりづらい人は足幅を少し開いてもOK
あごを引いて胸を見る

4　息を吸いながら両手をもも裏に移動する。

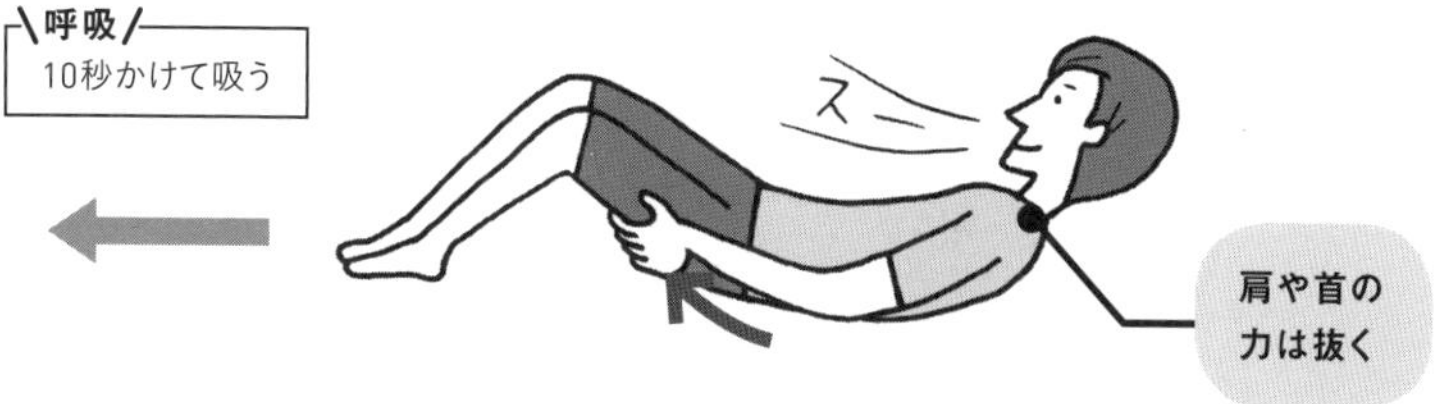
呼吸
10秒かけて吸う
スー
肩や首の力は抜く

姿勢が安定したらさらにお腹を凹ませましょう
こうかな……
上腹部は締まっている？
頭を無理にもち上げようとしないでね 肩が少し浮く程度でOKよ!!

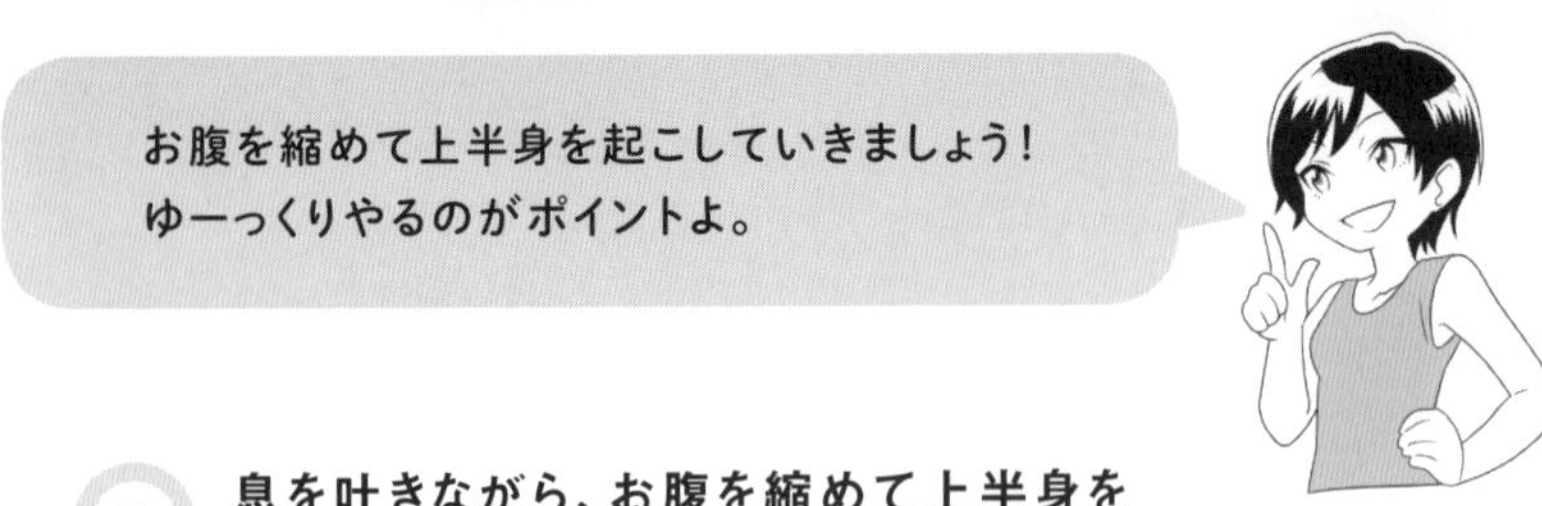
お腹を縮めて上半身を起こしていきましょう！
ゆーっくりやるのがポイントよ。

5 息を吐きながら、お腹を縮めて上半身を起こし、息を吸いながらキープする。

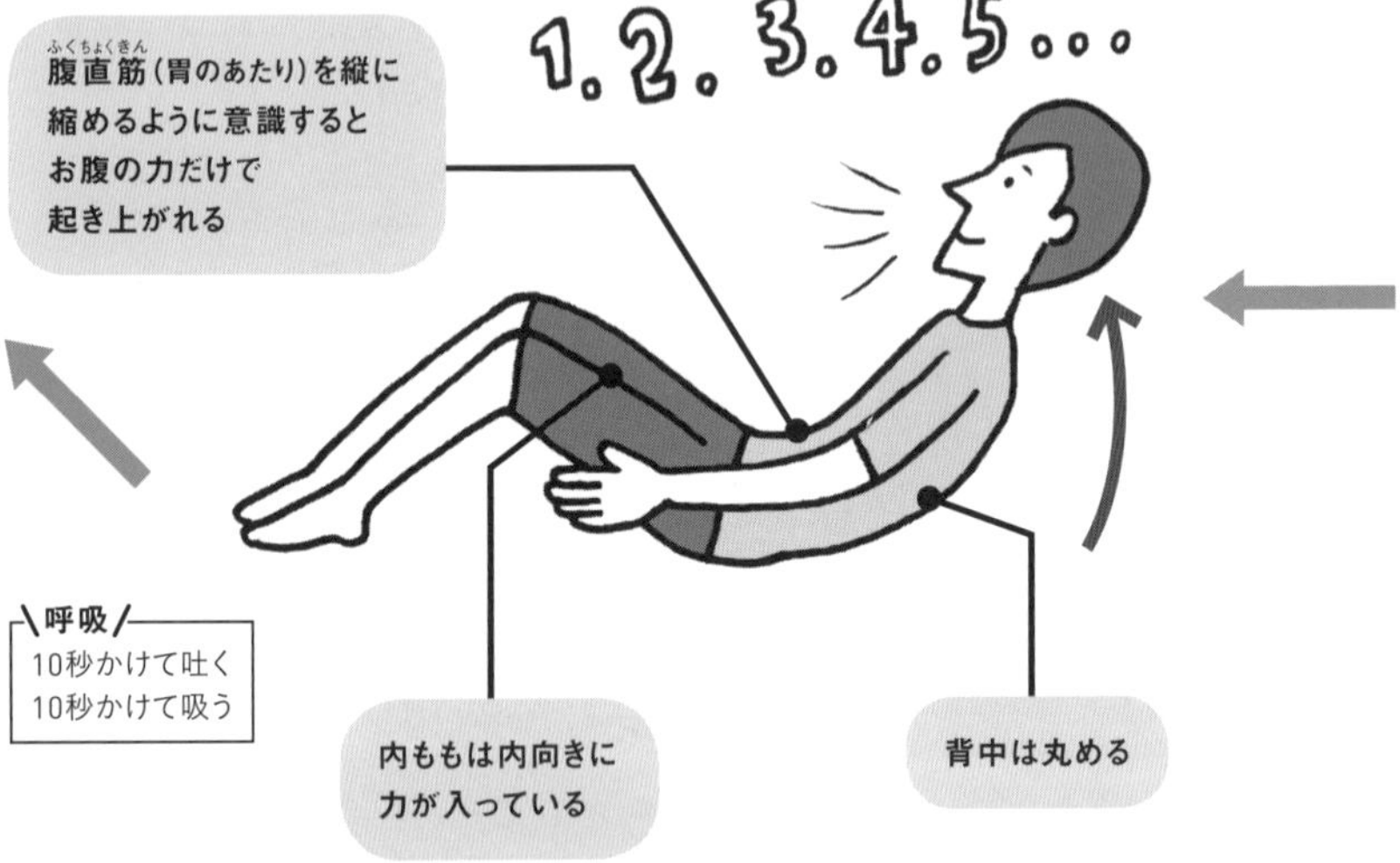
1.2.3.4.5…
腹直筋《ふくちょくきん》(胃のあたり)を縦に縮めるように意識するとお腹の力だけで起き上がれる
内ももは内向きに力が入っている
背中は丸める

呼吸
10秒かけて吐く
10秒かけて吸う

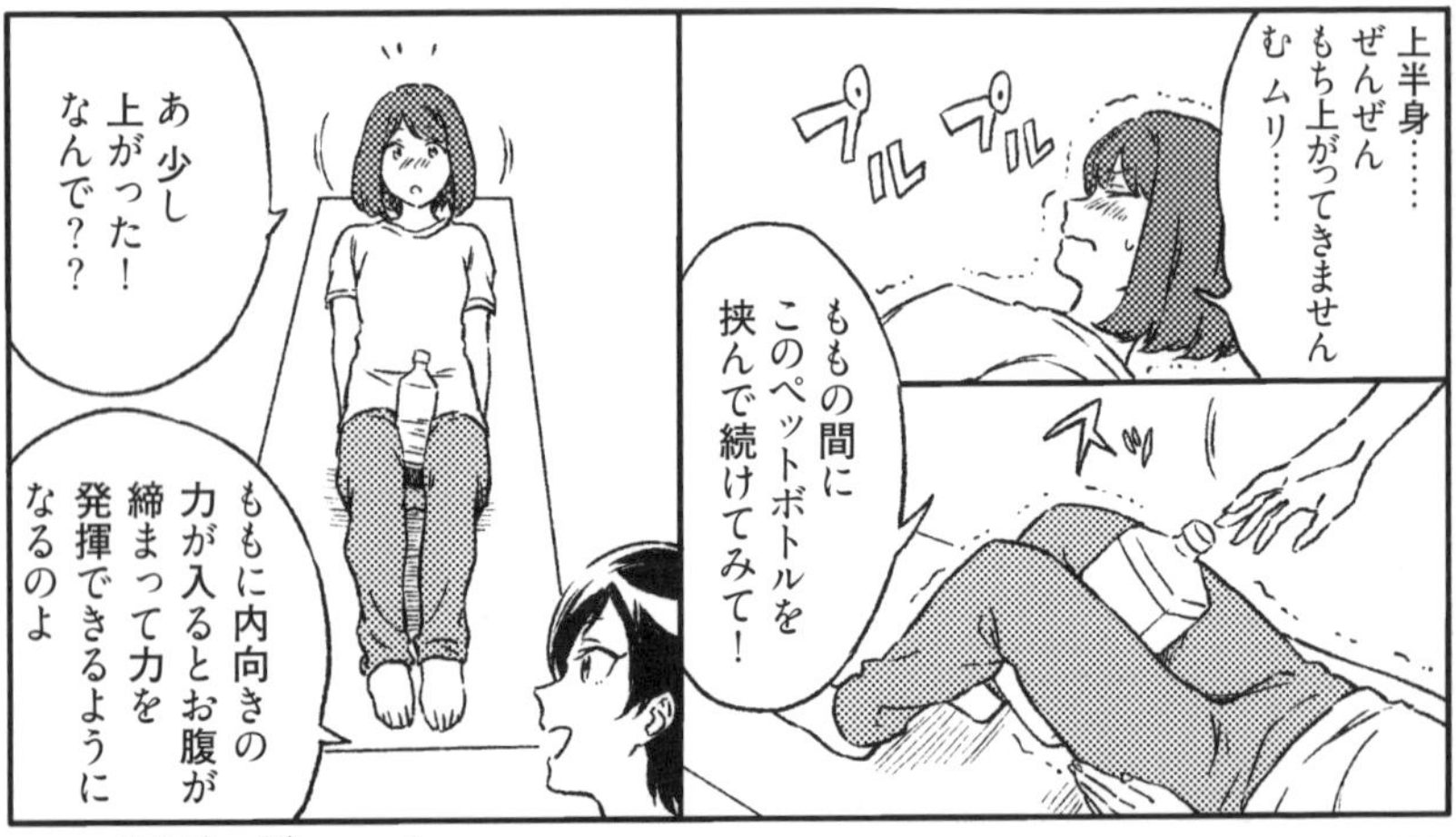
上半身……ぜんぜんもち上がってきません むムリ……
プルプル
ももの間にこのペットボトルを挟んで続けてみて！
スッ
あ少し上がった！なんで？？
ももに内向きの力が入るとお腹が締まって力を発揮できるようになるのよ

詳しくは34ページで確認!

お腹を伸ばし、上半身を戻していきましょう！
ここも、ゆーっくりね！

6 息を吐きながら、縮めていたお腹を少しずつ伸ばし、背中を床につけていく。

呼吸
10秒かけて吐く

背骨を1個ずつ床につけていくイメージ

EXTRA 余裕がある人は背中がすべて床についてしまう前に④に戻り、繰り返す。

こらあ～ 一気に力を抜かない！
伸ばしていくときもフッキンになるのよ
ぐでっ
……うっ もう限界でした……
OK！ 少しずつできるようにしていけばいいからね
そう その調子 背骨を1個ずつ床につけていくように意識してゆっくり下ろしていきましょう
行って帰ってくるまでがフッキンよ

最後は、脱力してすべてを緩めて
［上腹部パート］を終わります！

7 最後は、背中がすべて床につくまでゆっくり上半身を下ろす。

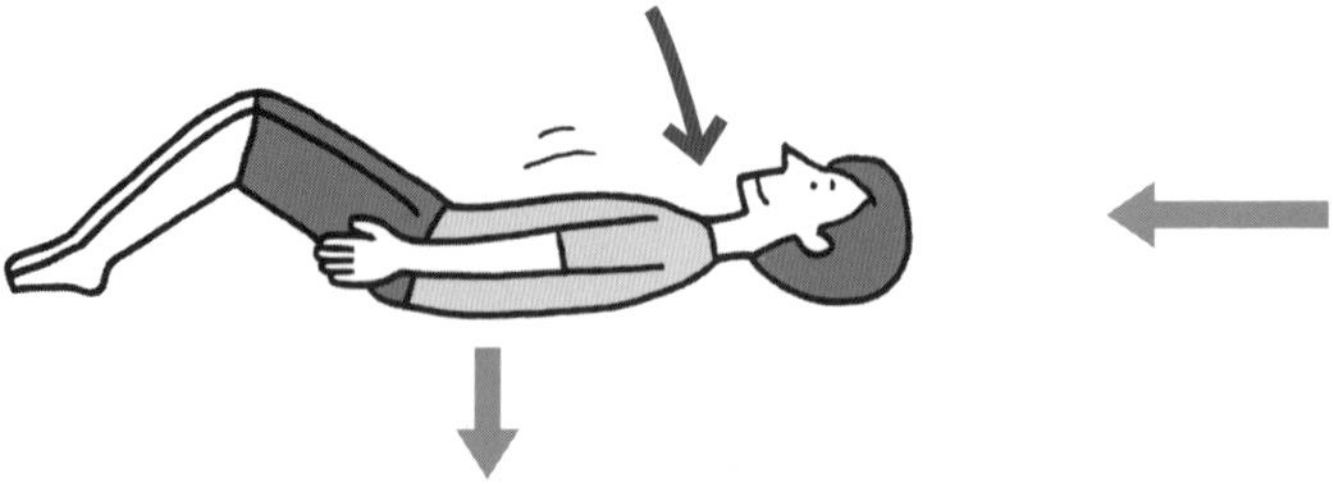

8 ひざを開き、リラックスする。

胸も骨盤も完全に力の抜けた状態にする

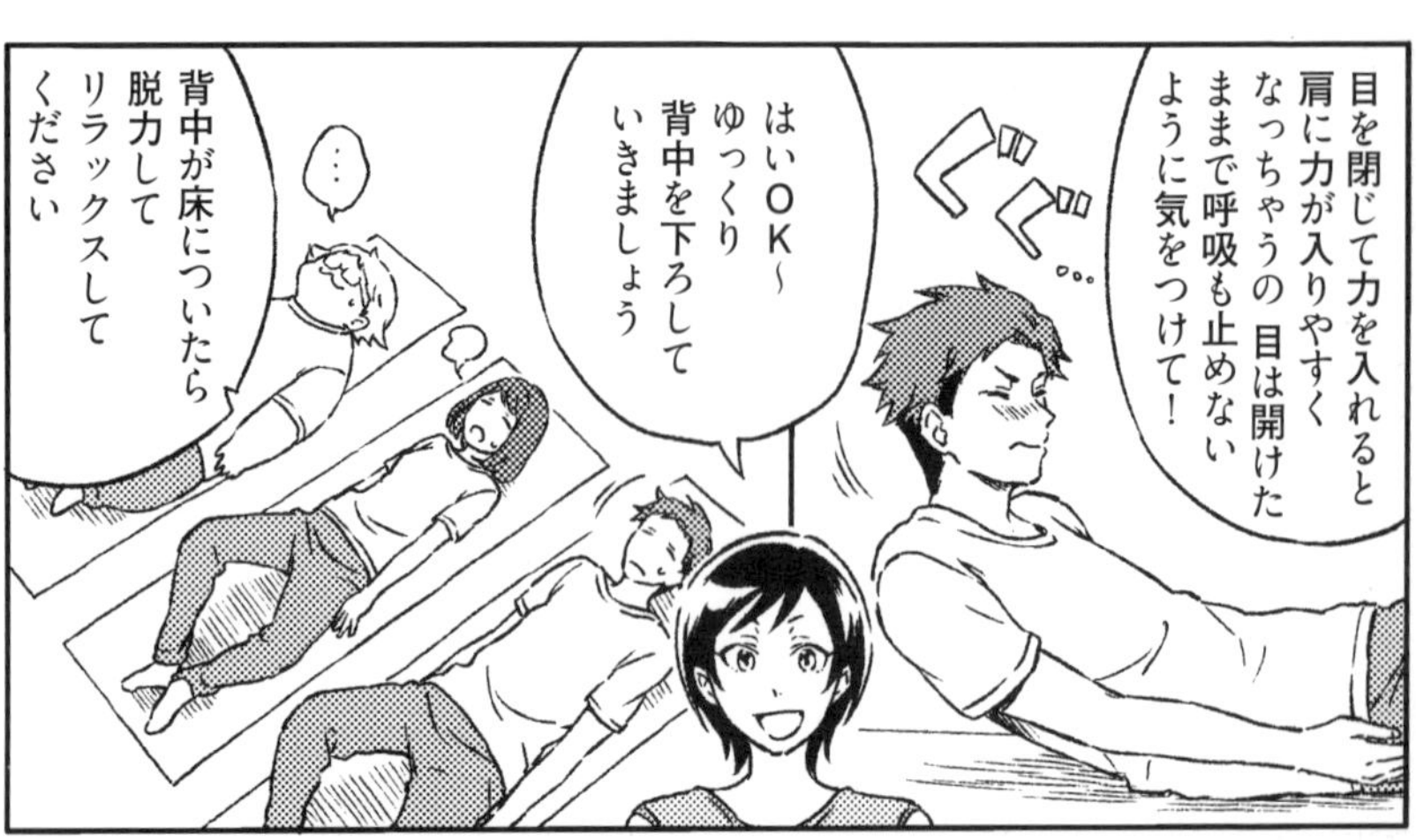
目を閉じて力を入れると肩に力が入りやすくなっちゃうの 目は開けたままで呼吸も止めないように気をつけて！
ぐぐ
ぐぐ…
はいOK～ ゆっくり背中を下ろしていきましょう
背中が床についたら脱力してリラックスしてください
…

はあ〜 なかなか キツイっすね
2人とも はじめての トライで やりきったのは 立派！
お腹を締めて 凹ませた状態を キープするのが 難しかったです
そうよね でもこれが 「これだけフッキン」 最大の特徴なの
うんうん
常に意識 するようにしてね 効果が全然 違ってきますよ！
はい！
さて
ニヤ
ここまでは 上腹部の筋肉を 使ってきました
つまり…… まだ下腹部の 筋肉が鍛えられて いませんよね
「下腹部パート」では 骨盤まわりにある筋肉を 使っていきます
村井さんも ここからまた やってみましょうね
ハイ

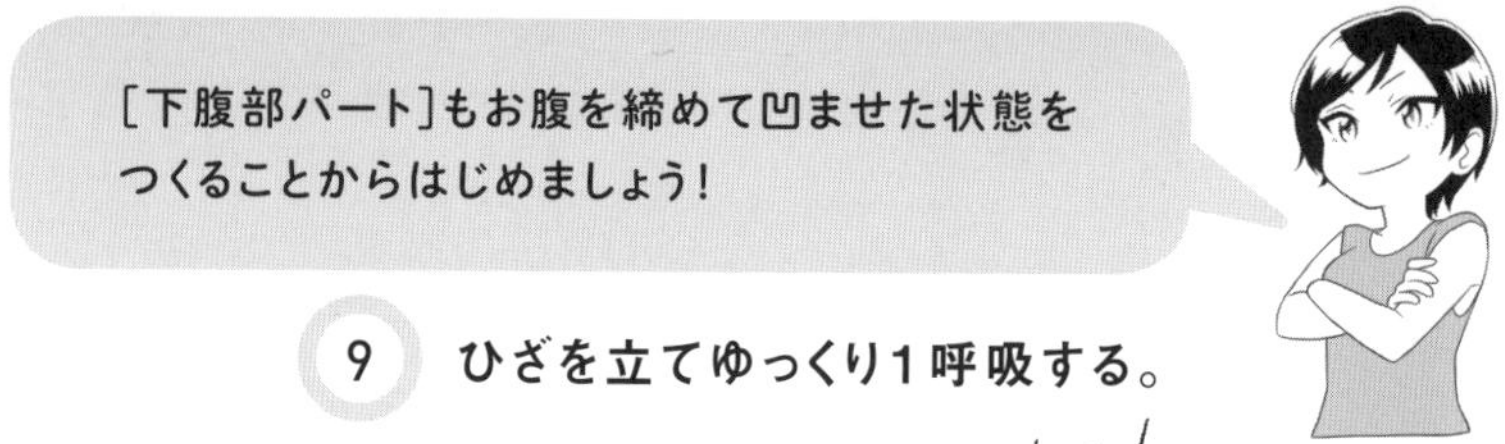
[下腹部パート]もお腹を締めて凹ませた状態をつくることからはじめましょう!

9 ひざを立てゆっくり1呼吸する。

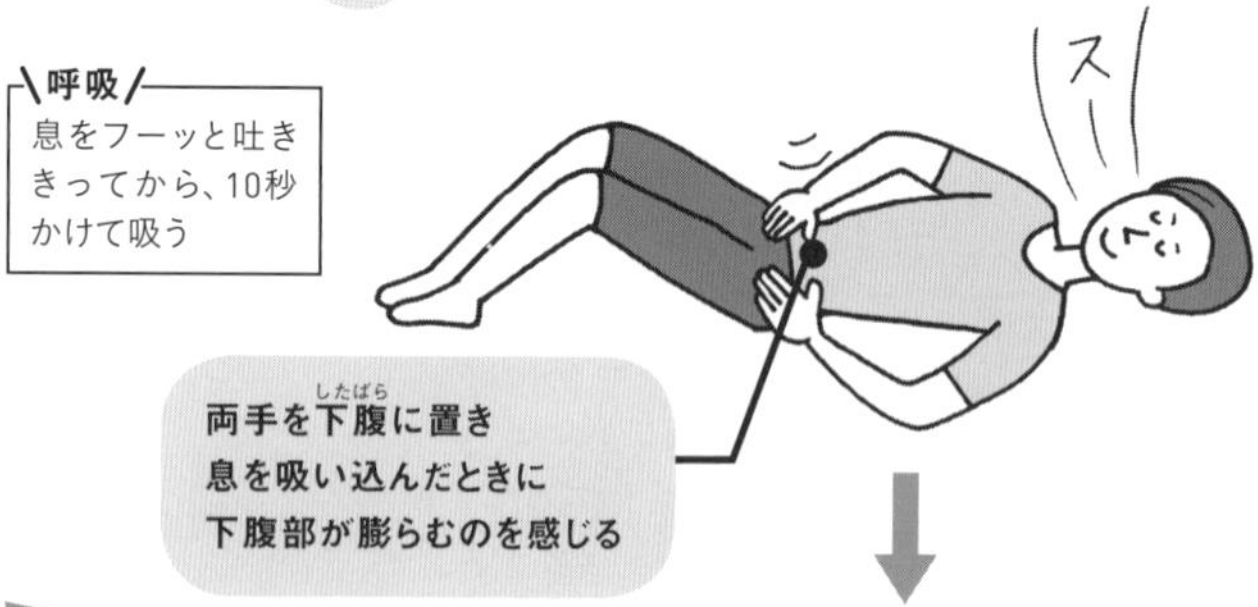
スー
呼吸
息をフーッと吐ききってから、10秒かけて吸う
両手を下腹《したばら》に置き
息を吸い込んだときに
下腹部が膨らむのを感じる

10 息を吐きながら両脚を上げて揃える。

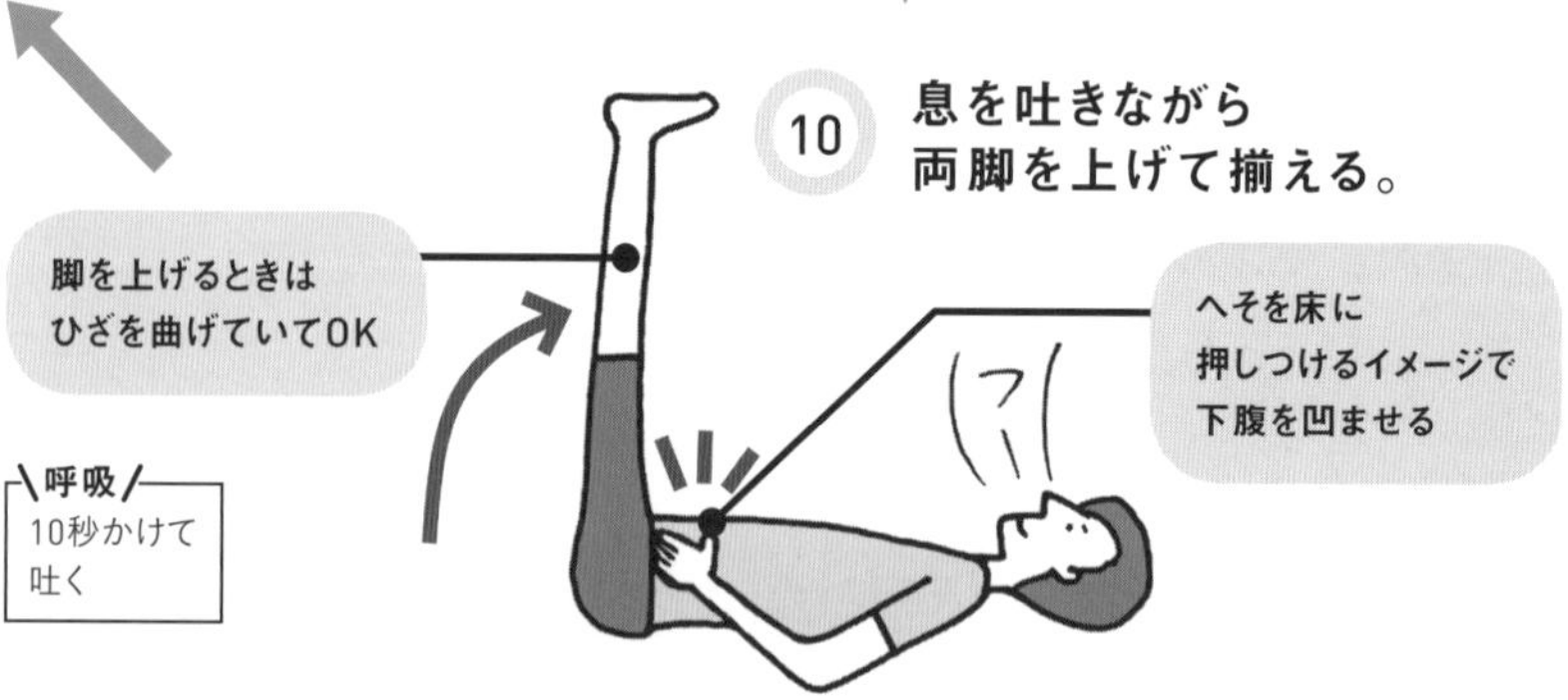
脚を上げるときは
ひざを曲げていてOK
へそを床に
押しつけるイメージで
下腹を凹ませる
フー
呼吸
10秒かけて吐く

脚を上げるのが……すでにキツイです
では ひざを90度に曲げて上げましょう
キツイ人は90度のままキープでOK
「お腹を締めて凹ます」のは[上腹部パート]でもやりましたよね?
うーん どうしても腰が浮いちゃう…… ペットボトル使ってもいいですか?
もちろんOKよ ももの間に挟んで内向きに力を入れる感覚を思い出して! 腰も浮かなくなりますよ

下腹を凹ませたまま、脚を動かしていきましょう!
もちろん、ゆーっくりね!

11 いったん息を吸い、その息を吐きながら ゆっくり脚を下ろしていく。 途中で脚をキープしたまま息を吸う。

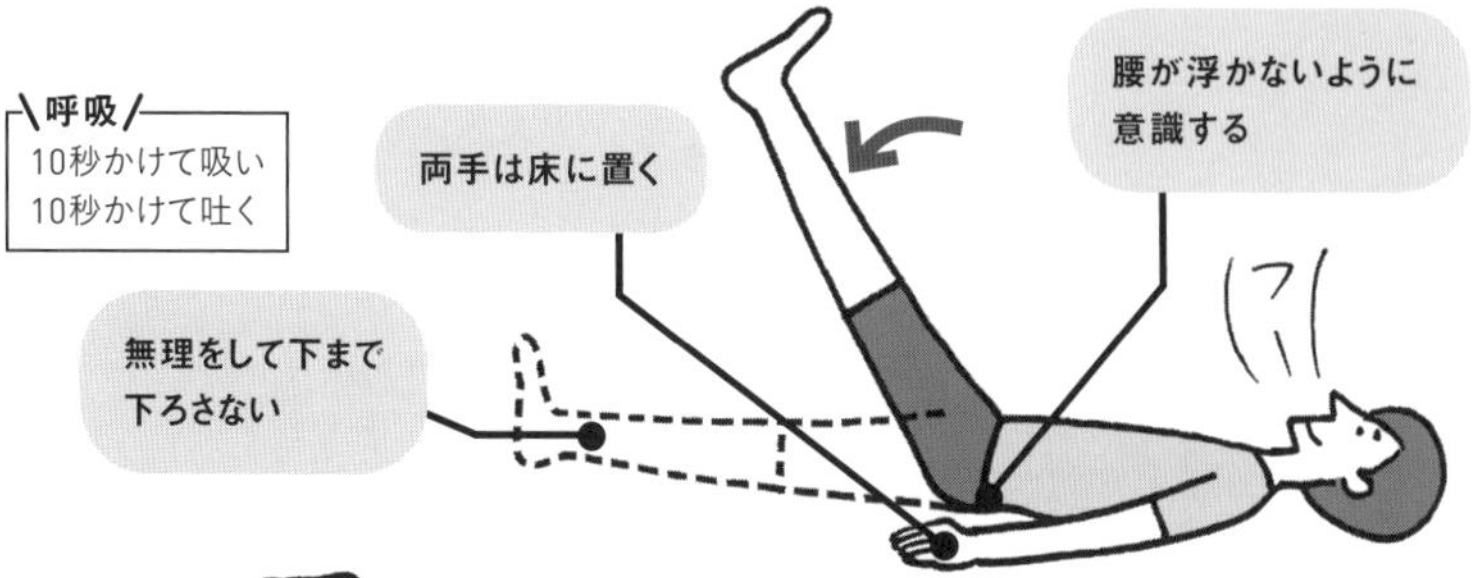
呼吸
10秒かけて吸い
10秒かけて吐く
両手は床に置く
腰が浮かないように
意識する
無理をして下まで
下ろさない

下腹は
凹ませたまま
呼吸
10秒かけて
吐く

12 息を吐きながら 脚をもとの位置まで戻す。

FINISH!

ああ そんなに
下ろさなくていいの
腰が浮かないところで
キープしてね
はい～
戻すときも一緒よ
脚を上げ過ぎないでね
あぁ それはやり過ぎ!
いっぱい動かした
ほうが効くのかな と
思ったので……
下腹部の筋肉だけだと
大きくは動かせないはず!
おへその下あたりを
硬くしてやっていきましょうね

「これだけフッキン」の全体の流れは12ページに!

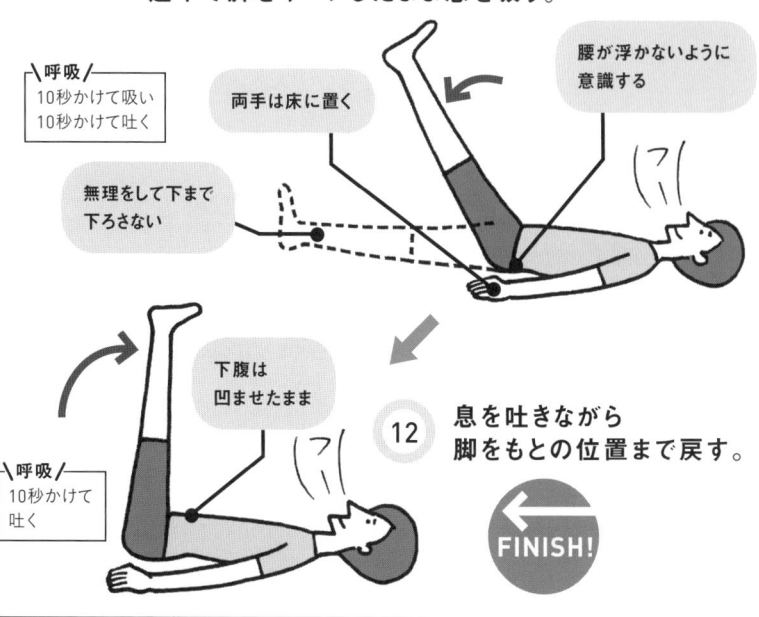

はい これで終了です みんな よく がんばりました
中村先生 これ 何回やれば いいんですか？
上と下 それぞれ 1回ずつで いいですよ
えー!? たったの1回で いいんですか？
ただし！ インナーで「締めて」 アウターで「動かす」こと 筋肉は伸びながらも 力を発揮していることを 体感できることが 絶対条件よ！
1回ずつで いいなら わたしでも がんばれそう！
呼吸について「10秒かけて」 といってきましたが これはあくまでも最終目標！ まずは 自分の呼吸の長さを 最大限に使うようにして やってみてくださいね
全体で 2分を目標に やってみて！
さて最後は使った 筋肉を気もちよく 伸ばして今日の トレーニングは 終わりにしましょう
はーい！

やり方はいたって簡単よ仰向けに寝て両手を頭の上に伸ばしたら……
ぐ〜〜っ
そのままグーッと伸びましょうお腹をしっかり伸ばしてね
ん〜気もちいい!
のび〜っ
はい OKですリラックスできたかな?
ふだん使っていない筋肉まで使ったから明日以降……きっと筋肉痛になってるわよ〜楽しみ♪
「ごほうびストレッチ」は114ページで確認!

「これだけフッキン」にトライする前に

お腹を「締めて凹ます」が成功のカギ

マンガの中で3人が挑戦した「これだけフッキン」ですが、いかがでしたか。第一印象としては、「簡単そうだし、3人が苦戦しているのが信じられない」といったところでしょうか。たしかに、腹筋動作そのものはよくあるものですし、何か特殊なアイテムを使うわけでもありませんから、そう思われても仕方ないかもしれません。

でも、この腹筋は、その名が示すとおり、**「これだけ」でお腹凹ませ効果抜群の、いわば究極の腹筋運動なのです。**

筋トレのかたちだけを見れば、皆さんがご存知の腹筋運動と大して変わらないのにもかかわらず、どうして、「効果抜群」といいきれるのでしょうか。

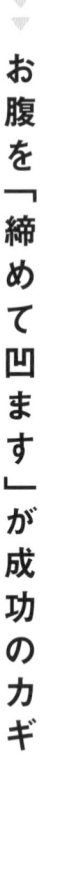

実際、ただ漫然とこの腹筋をやっても「効果抜群」とはなりません。「これだけフッキン」を行うときには、かならず守ってほしい、2つの重要な決まりごとがあるのです。

ひとつめが、**その人の呼吸の長さを最大限いかしてゆっくり行うこと。**

2つめが**インナーとアウターの筋肉の存在をイメージしながら、しかも使っていることをしっかりと感じながらトレーニングすること。**

「上腹部パート」「下腹部パート」合わせて、2分間を目標にやってみてください。

「これだけフッキン」は、腹直筋《ふくちょくきん》・腹斜筋《ふくしゃきん》などのアウターの筋肉と、身体の奥にある腹《ふく》横筋《おうきん》や呼吸筋（横隔膜《おうかくまく》・肋間筋《ろっかんきん》）といったインナーの筋肉の両方をバランスよく鍛えていく筋トレです。したがって、**「インナーで締めて凹ませて、アウターで縮めて動かす」というのが、基本となります。**

このとき、とくに使っていることを感じにくいのがインナーの筋肉です。

お腹を「締めて凹ます」感覚が、実はまだよくわからない、うまくできない、という人は、ここで練習法を紹介しておきます。繰り返し行って、その感覚をしっかりつかめるようになってから、「これだけフッキン」に挑戦するようにしてくださいね。

お腹を「締めて凹ます」トレーニング

インナーの筋肉の力を使って、お腹を「締めて凹ます」ためには、肋間筋《ろっかんきん》を動かして「肋骨《ろっこつ》を小さくする」こと、腹横筋《ふくおうきん》を動かして「骨盤を閉じる」ことを、それぞれできるようにしておくことが必要です。筋肉の動きを確認しながら、練習をしていきましょう。

練習❶

肋骨を小さくする

肋骨は、呼吸と連動して、胸の内側のスペース（胸郭《きょうかく》）を大きくしたり、小さくしたりします。息をゆっくり吐き出すことでそのスペースが小さくなっていく感覚をつかみましょう。

1 まっすぐに立ち、肋骨のあたりに手を添える。ゆっくり息を吸い込み肋骨を内側から押し広げる。

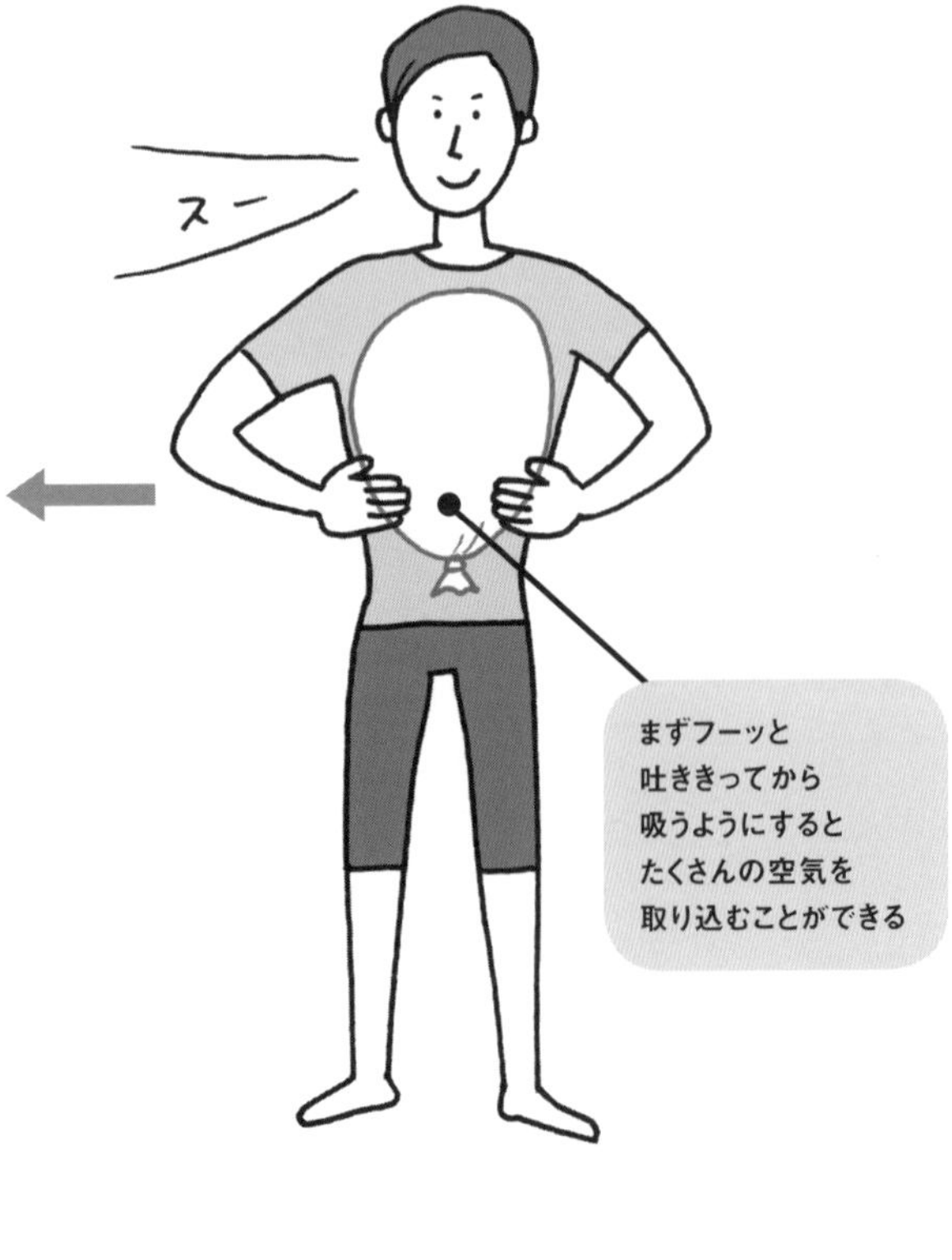
スー
まずフーッと
吐ききってから
吸うようにすると
たくさんの空気を
取り込むことができる

肋骨（胸郭）の中で風船が膨らんだり、しぼんだりする様子をイメージすると、肋骨の動きを意識しやすくなります。呼吸はできるだけゆっくり、自分の呼吸の長さを最大限いかして行ってください。10秒かけて吸ったり、吐いたりできるようにしていきましょう！

2 ゆっくり息を吐き出しながら肋骨をグーッと小さくしていく。

フー
肋骨ってこんなふうに動くんだ！
肋骨を小さくしていくことで胃をしまい込むようなイメージ

練習❷

骨盤を閉じる

ひざを閉じていくと、自然と腹横筋《ふくおうきん》に力が入り、骨盤が締まります。
このとき、ももの筋肉（内転筋《ないてんきん》）は
内向きに力が入っていることも確認しておきましょう。

1 **仰向けに寝て脱力し、ひざを開き、骨盤も緩める。ゆっくり息を吸い込み、お腹を膨らませる。**

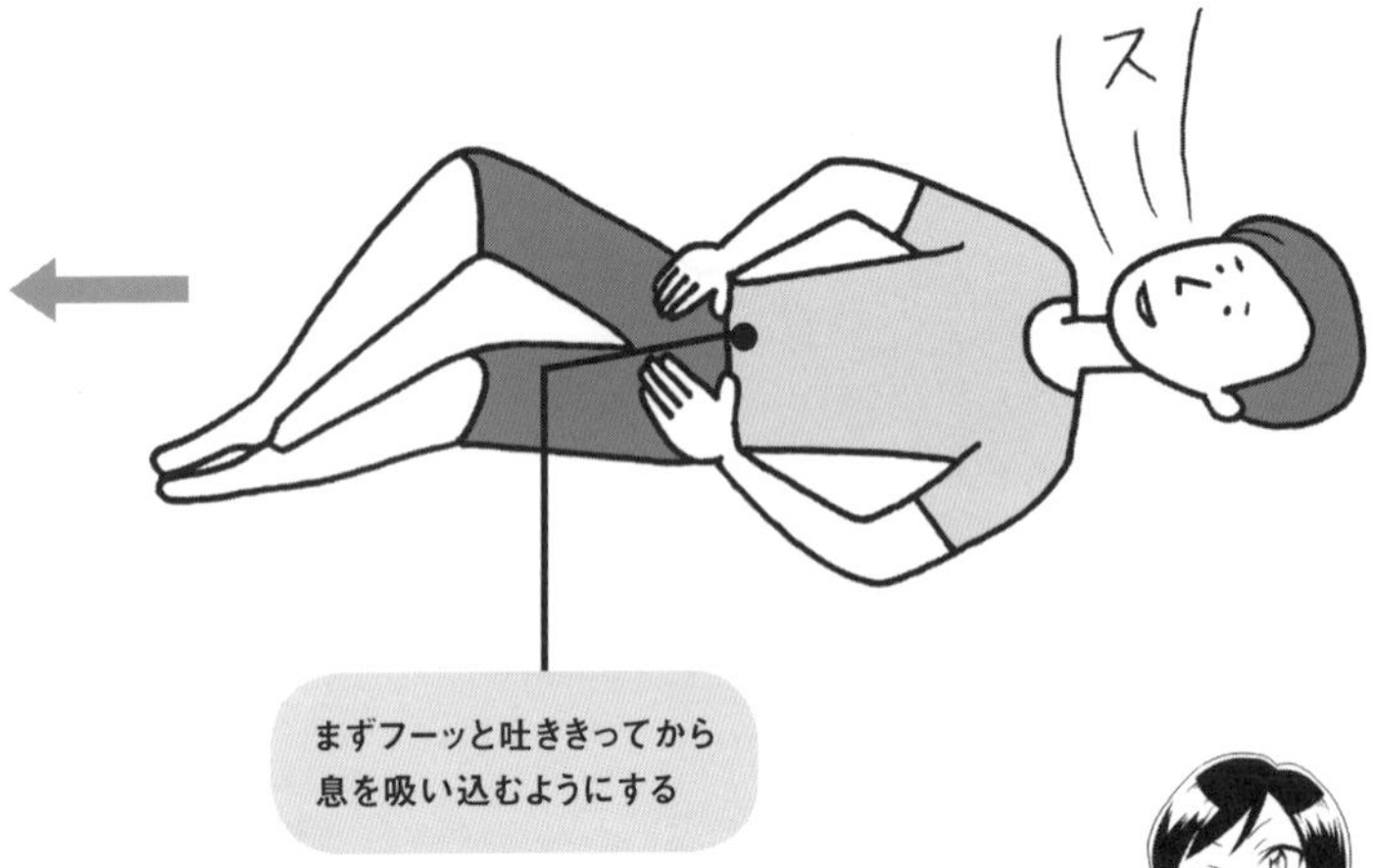
ス
まずフーッと吐ききってから
息を吸い込むようにする

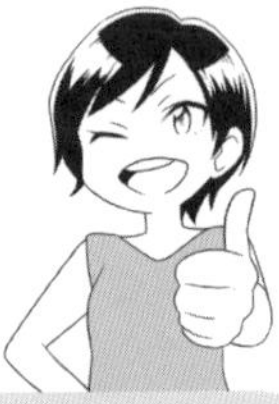

腹横筋は「骨盤ベルト」ともいわれる筋肉で、ここに力が入ると、ベルトで締めているかのように骨盤がギューッと締まります。さらに、ももを内側にまわすように意識することで、この状態を維持できます。骨盤を締めた状態をしっかりつくれるようにしておきましょう。

2 ゆっくり息を吐き出しながらひざを閉じ、骨盤も閉じる。

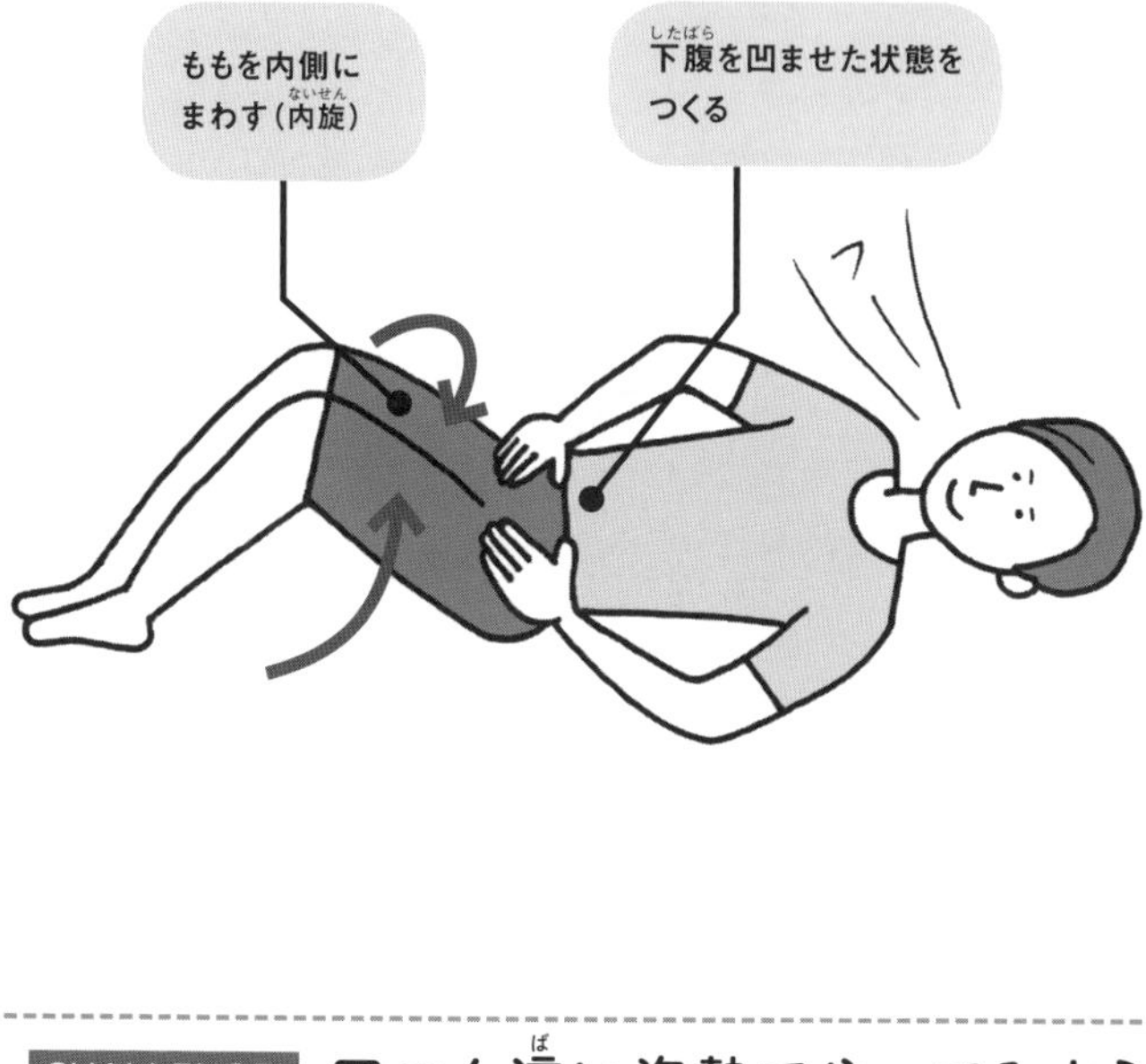

ももを内側にまわす（内旋《ないせん》）
下腹《したばら》を凹ませた状態をつくる

CHALLENGE! 四つん這《ば》い姿勢でやってみよう

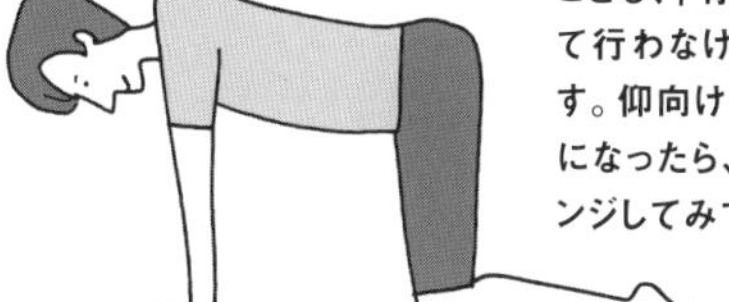

四つん這い姿勢になると「肋骨を小さくする」ことも、「骨盤を閉じる」ことも、重力に逆らって行わなければならないのでやりづらくなります。仰向け姿勢でこれらの感覚をつかめるようになったら、四つん這い姿勢でも、ぜひチャレンジしてみてください！

「これだけフッキン」のあとのごほうびストレッチ

リラックスして、疲労物質を取り除く

一般にストレッチというと「筋肉を伸ばして、柔らかくする」というイメージが強くありますが、その伸ばし方は「引っ張って無理やり伸ばす」というものではなく、**「ほぐして緩め、ゆっくり伸ばす」といったほうが正確です。というのも、ストレッチは筋肉だけでなく、関節も一緒に動かすことによって、その可動性を高めるためのものだからです。**

そもそもストレッチには、動かしながら伸ばす「動的ストレッチ」と、伸ばしたところでキープする「静的ストレッチ」があり、それぞれ効果が異なるため、身体の状態や目的に応じて取り入れることが必要です。

動的ストレッチは、関節まわりをほぐして緩め、関節内の滑液《かつえき》の分泌を促しながら、筋

肉に適度な刺激を入れていくことができるので、どちらかというと運動前の土台づくりに適しています。

静的ストレッチは、緩んだところからゆっくり伸ばした状態でキープし、そのまま深い呼吸を繰り返すので、副交感神経が優位になり、心身ともにリラックスさせる効果があります。運動後に心身をクールダウンしたり、休めたりするのに適しています。

ここで紹介するのは、**使った筋肉を「ほぐして緩め、ゆっくり伸ばす」ことで関節の可動性を高めながら、血液やリンパの流れを促すストレッチです。血行がよくなれば、疲労物質の乳酸《にゅうさん》を取り除く効果も得られるので、筋肉に疲れを残さないためのストレッチとして有効です。**

そして、ストレッチでもっとも気をつけてほしいのは、呼吸です。無理に伸ばそうとして息を止めてしまう人がいますが、くれぐれも息は止めないようにしてください。

たくさん伸ばすことよりも、気もちよさを感じながら、ゆっくり、リラックスして、できる範囲で行うことのほうが大切です。

腹筋を使ったあとのごほうびストレッチ

「これだけフッキン」でがんばったあとは、ずっと縮めて力を入れていた腹筋は十分にほぐして緩め、伸ばしておきましょう。くれぐれも呼吸は止めないようにし、伸ばして気もちいいと感じられる範囲で行ってください。

ごほうびストレッチ❶

うつ伏せ骨盤揺らし

1. うつ伏せに寝て、つま先を立てる。
2. 左右の脚を交互に動かし
骨盤を上下に揺らす。

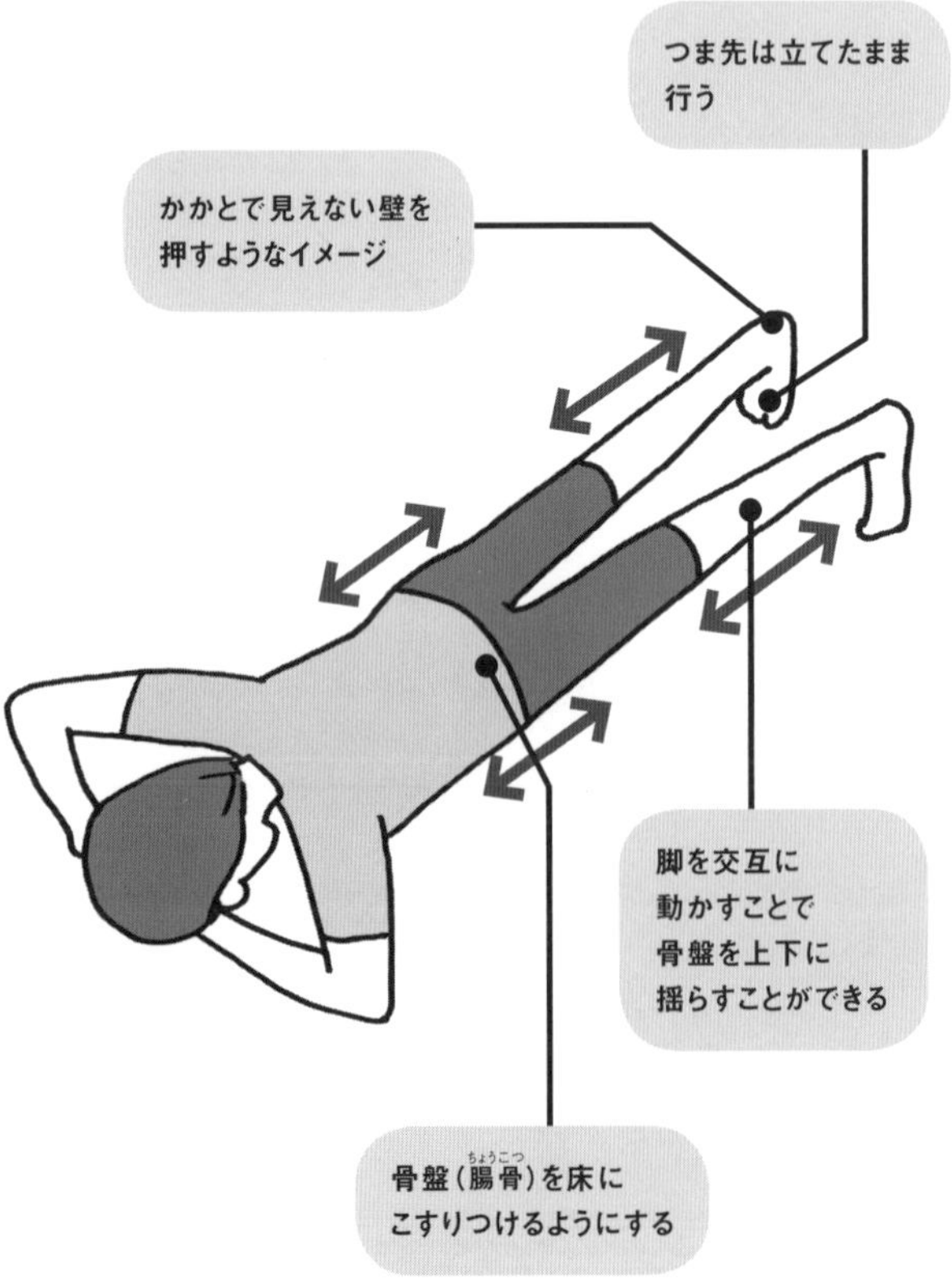
つま先は立てたまま
行う
かかとで見えない壁を
押すようなイメージ
脚を交互に
動かすことで
骨盤を上下に
揺らすことができる
骨盤（腸骨《ちょうこつ》）を床に
こすりつけるようにする

ごほうびストレッチ❷

お腹を伸ばす

1 仰向けに寝て
両手を頭の上に伸ばす。

2 全身をグーッと伸ばす。

頭のてっぺんと
足先の両方から
引っ張られるイメージで
伸ばす
肩と腰も
伸びて
気もちいい～

伸びが足りないと思ったら、頭上に伸ばした両手を交差させて手のひらを合わせるようにします。お腹前面の伸びをより感じられるようになります。試してみてくださいね。

本当に1日1回でOK⁉効果的な取り組み方

使っている筋肉を感じながら行う

「これだけフッキン」が〝これだけ〟でよいのは、やり方次第であるという話をしてきました。

ターゲットの筋肉（主働筋《しゅどうきん》）が縮んでいるのか、伸びているのかを確認し、力の入っていることを感じながら行うことが、最大のポイントです。

かたちだけを追っているうちは、いくら余力があるからといって、回数を増やしたり、負荷を上げたりするタイミングではありません。自分の身体としっかり向き合い、動きにくい関節や筋肉が硬くなっているところがあれば、まずはその部位のサビをとることからはじめましょう。サビ解消トレーニング（→P78）などで、関節本来の可動性を取り戻してから取り組んでください。

また、使っている筋肉を意識するためには、動きのスピードもカギとなります。反動を使ってしまうと、筋肉を感じる間がありません。**つらくても、じわじわとゆっくり動かすことで、「今、どの筋肉を使っているのか」「どんなふうに動いているのか」など、自問自答しながら動かしていくことができます。**

また、「これだけフッキン」は自重で行うスロートレーニングでもあります。ゆっくり動けば動くほど、筋肉を使っている時間が長くなるので、その1回で得られる効果も大きくなります。ただし、筋力がまだ十分に備わっていなかったり、インナーの筋肉が使えていなかったり、関節の可動性が十分でなかったりすると、ゆっくり動かすことはかなり難しく、結局、ターゲット以外の筋肉(代償筋《だいしょうきん》)を使ってしまうことになり、十分なトレーニング効果は得られません。

正しく使えているかどうか、常に確かめながら、丁寧に行っていきましょう。

〝何となくこなす1回〟ではなく、〝とことん意識を集中して、丁寧に行う完璧な1回〟を目指してください。2分が目標といいましたが、2分以上かけてもOKです(その分つらくなりますけど!)。そういう1回であれば、「1日1回でOK」というわけです!

ジリリリリ
うーん
……あ イタタタ
昨日「これだけフッキン」やったんだから筋肉痛になるのは当然だよな
ムクリ
きゅ
ジャー
おあれ? 首が……うっ お腹よりもっとイタイぞ!
ピキーン
うわ? なんでだ??
ああもう なんでかなぁ ……イタイなぁ
肝心の腹筋はあんまり痛くなってないのに なんで腰が……
一週間後
皆さん この前「これだけフッキン」にはじめて挑戦しましたが
その後 身体のほうはいかがですか?

あの……腹筋はたしかに痛くなりました でもそれより首のほうが痛くて
わたしは腰が痛くなっちゃって
トレーニングの仕方を間違えたのですか?
そっかやっぱりそっちが痛くなっちゃったか
え!? どういうことですか?
トレーニング中もいってたことだけど腹筋以外の筋肉の力を使ってるなあって気になっていたの
がんばって腹筋を使うように意識していたんだけどな
あ そういえば……たくさん注意されたような
ね? 腹筋を使うのは大変なことなのよ それにね 腹筋以外の筋肉を使ってもおかしくはないわ
使ってもいいんですか?
ただ せっかく腹筋を鍛えているのにほかの筋肉をたくさん使っているとしたら効果が半減してしまうでしょ?
あくまでも腹筋がメイン! そのほかの筋肉はサポートとして使えるようにしていきましょう

辺見くんは首が痛くなってしまったのよね？
上体を起こすとき首とか肩の筋肉を使っちゃっている証拠
ではタオルを敷いて端に頭がくるようにして
両端をもってこう……やってみて
タオルに頭を完全に預けると腹筋に意識を集中できるでしょ？
……ほんとだ！首もすごくラクです！
それじゃあ腰が痛くなってしまったのはどうしてですか？
？
小林さんは下腹《したばら》のトレーニングのときに反り腰になっちゃっていたのかも下腹に力が入っていないと腰が浮いて負担がかかっちゃうのよね
仰向けに寝て足を上げたら下腹をさわって
どう？ちゃんと硬くなっていますか？
あれ？ゆるゆるです！
ゆるゆる
骨盤が動かせていないのよどこに力を入れると動くかやってみましょう

※エクササイズ用の
やわらかいボール（直径25㎝程度）を使用
ボールをお尻の下に敷いてリラックス お腹にも力は入れません

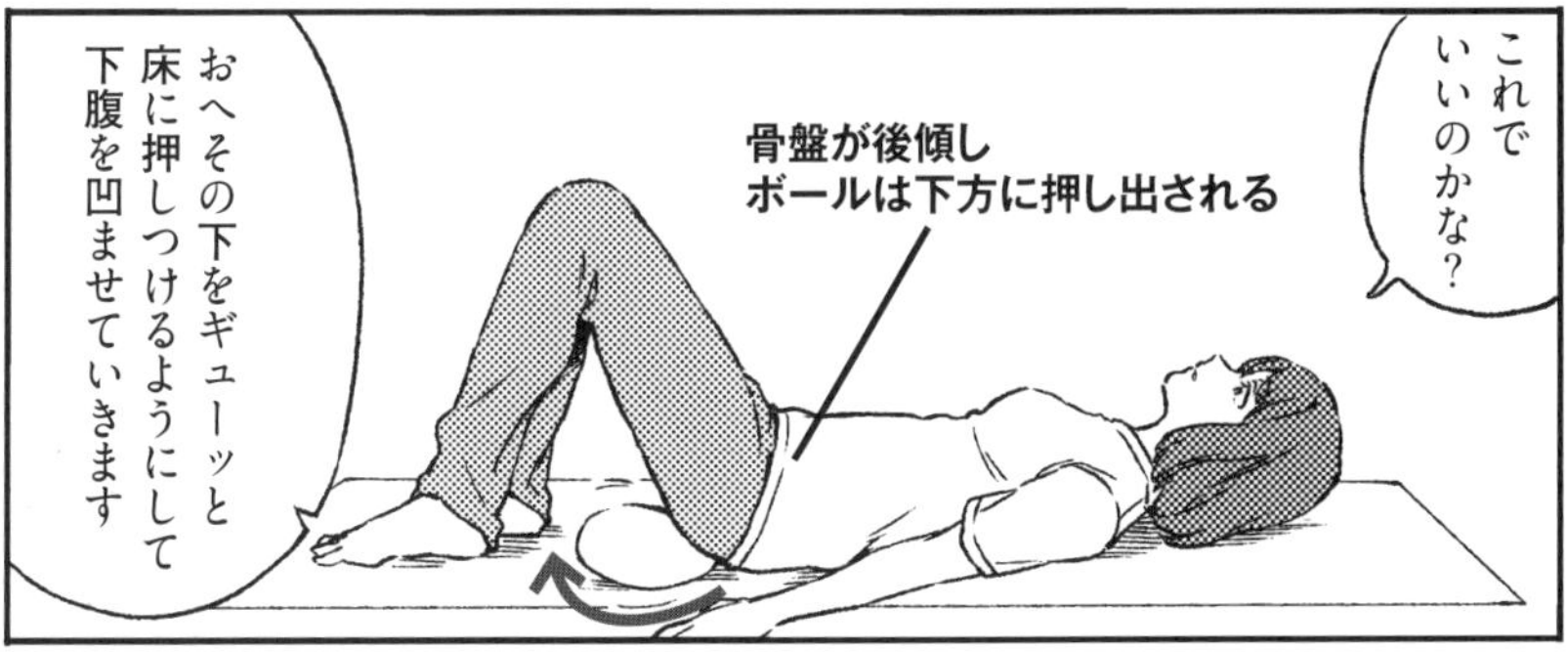
これでいいのかな？
骨盤が後傾し
ボールは下方に押し出される
おへその下をギューッと床に押しつけるようにして下腹を凹ませていきます

骨盤を動かせるようになってきました！
骨盤が前傾し、
ボールは上方に戻ってくる
では力を入れて凹ませていた下腹を緩めましょう 下腹に力を込めたときの骨盤の動きを覚えてね

あ そういえば村井さんは何か問題はありませんでしたか？
どこも痛くならなかったです イエイ！

あちゃあ それはまた……少しは痛くなってほしかった
村井さんはもう少し脂肪が落ちれば実感できますよ

腹筋以外を使うのが悪いわけではない

拮抗筋や補助筋はOKだけど、代償筋はダメ

筋トレでは、ターゲットの筋肉をしっかり使わないと効果が出ません。

でも、実際には、辺見くんのように、腹筋だけでなく首や肩の筋肉を必要以上に使ってしまっているという人は少なくありません。このように、**ターゲットである筋肉（主働筋《しゅどうきん》）の代わりに仕事をしてしまう筋肉のことを、代償筋《だいしょうきん》といいます。**

筋トレにおいて、代償筋を使ってしまうと、肝心の主働筋を使えず、十分な筋トレ効果が得られません。代償筋を使ってしまうということは、何かしらの原因があるはずです。

勘違いしないでいただきたいのですが、どんな動作においても、主働筋のみを使って行うということはあり得ません。身体は連動して動くものですし、筋肉は常にペアで働くものなので、主働筋を縮めて力を発揮するときには、伸びながら力を発揮する筋肉も同時に

働いていることになるのです。この筋肉は、主働筋と対《つい》で働くことから、拮抗筋《きっこうきん》と呼ばれます。さらに、これらの筋肉を助けるように働く筋肉もあり、これらは補助筋《ほじょきん》といいます。

このように、いくつもの筋肉が同時に働いて、ひとつの動作を成立させているのです。

では、拮抗筋や補助筋のように主働筋とともに働く筋肉はよくて、代償筋を使うのがよくないのは、どうしてなのでしょうか。

代償筋は、本来使うべき主働筋に成り代わってしまうことがよくないのです。

腹筋運動でいえば、主働筋はあくまでも腹筋で「腹筋群のインナーで締めて凹ませて、腹筋群のアウターで縮めて動かす」べきなのですが、筋力が足りなかったり、関節がサビて動かしづらくなっていたりすると、首や肩、腕の力までも使って上半身を起こそうとしてしまっているのです。

これでは、腹筋が鍛えられないだけでなく、代償動作によって使われる部位には過度の負担がかかり、痛みを引き起こしてしまう可能性が高くなってしまいます。鍛えたい部位がはっきりしているトレーニングでは、ターゲットの筋肉である主働筋に意識を集中し、できるだけ代償筋を使わないようにすることが大切です。

腹筋以外に痛みが出たらコンディショニングが有効

代償動作による痛みは腹筋以外に表れる

「これだけフッキン」で正しく腹筋を使えていれば、腹筋が筋肉痛を起こすのは自然なことです。

筋肉痛とは、筋トレなどの運動をすることによって起こる筋肉の痛みで、ある程度の時間をおいてから起こります。一般的には、運動した翌日、もしくは翌々日ぐらいに、筋肉に張ったような痛みが生じます。

筋肉痛が起こるメカニズムについては、いまだ完全には解明されていません。ただ、ふだん使わない筋肉を使ったり、同じ筋肉を使い続けたりすると、筋肉を構成する繊維《せんい》（筋《きん》繊維《せんい》）が傷つき、それを修復しようとする機能が働きます。その過程で炎症が起こり、筋膜を刺激し、それが痛みとなって表れるとされています。

主働筋《しゅどうきん》の筋肉痛については、トレーニング後の「ごほうびストレッチ」や軽い有酸素運動で、筋肉にたまった疲労物質（乳酸《にゅうさん》）を流してあげることにより、ある程度予防できます。

でも、主働筋以外の別の部位に痛みが生じてしまったという場合は、本来の動きを代償するような動作で行っていたことが原因と考えられます。それはつまり、身体の中に動きづらくなっている箇所、いわばサビている箇所があるということを知らせる、身体からのメッセージなのです。

そのような身体には、サビ解消トレーニング（→P78）とあわせて、機能改善のためのコンディショニング・トレーニングを行うことが有効です。

きちんと動く身体を手に入れることが、代償動作による痛みを引き起こさないための最善の策です。

首・肩が痛い!

肩甲骨を動かして肩まわりをほぐす

肩甲骨《けんこうこつ》が動きづらくなっていると、その周囲の筋肉に負担がかかりやすくなります。肩甲骨を動かして痛みを緩和していきましょう。

肩甲骨スウィング

1 床にあぐらをかいて座り
息を吸いながら、一方の手の甲を
反対の耳の横までもっていく。

スー
目線は
手と逆方向の
やや下方に向ける

2 息を吐きながら、上げた手を水平に
引きつつ、顔は逆方向に向ける。
これを数回繰り返したら
逆側も同様に行う。

フー

アイロンをかけるときのように、またはブランコのように腕をゆらゆら揺らすように動かして、肩甲骨まわりの筋肉をやさしくほぐしましょう。

腰が痛い!

腰背部の筋肉をほぐして緩める

筋肉疲労による腰痛には、腰背部《ようはいぶ》の筋肉をほぐして緩めるストレッチが有効です。けっして無理はしないようにしてください。

ゆりかごストレッチ

1 仰向けに寝て、両ひざを抱える。息を吐きながら、ひざを引き寄せ腰を伸ばす。

両ひざをつけて
内ももを締める
腰の伸びを
感じながら行う

2 息を吸いながら、手の力を緩めひざを胸から離す。

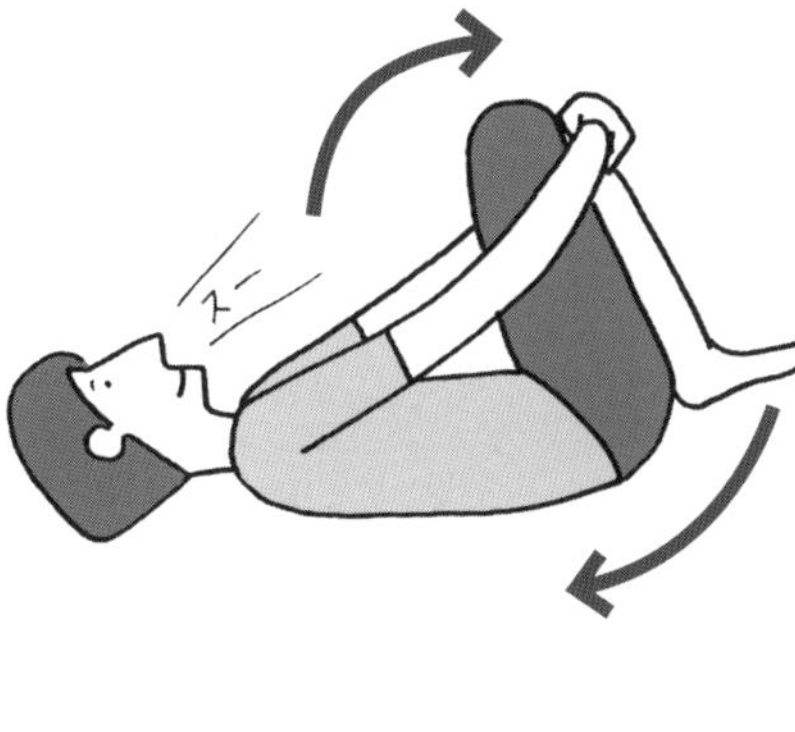

お疲れ～
ねえ 辺見くん
「これだけフッキン」
続けてる?
もちろん!
朝の日課になってて
気分もいいんだよね
そっか
えらいなあ
わたしは
お風呂に入る前に
やるように
してるんだけど……
外食した日とかは
さぼっちゃって
テヘ♡
いいんじゃない?
先生も
無理しなくて
いいって
いってたし
その代わり
翌朝 早起きして
やるとか
してみれば?
チュン
チュン
そうだね
続けないと
ダメだよね……
どうしたの?

正直2週間になるけど……どう？お腹凹んできてる？
僕は少しだけど引き締まってきたよ ちょっと物足りないぐらいなんだ
いいなあ わたしはあんまり変わってない気がするの
便秘がなくなったけど！
そんなことないよ！「反り腰」のクセが直って姿勢がよくなっているよ きっと腹筋がついてきてるんだよ！
あ 村井さん お疲れさまです
お疲れさま なんか深刻な話？
「これだけフッキン」ですよ 村井さん順調です？
僕？ 僕はまだちゃんとできたことないからなぁ
でも少しずつ筋肉痛にはなってきたんだ♥ もう少し結果を出したいよ
そのあたり先生に質問してみませんか？
そうだね！
あ そろそろ僕ら仕事に戻ります
じゃあ またあとで！

皆さん こんにちは 今日も元気に がんばって いきましょー！
先生!! ちょっと 待って!!
え!? なに なに？ どうしたの？
2週間毎日 続けているのですが なかなか効果が 実感できなくて……
ん？ みんな もっとキツイ トレーニングに してほしいの？
ニヤ ニヤ
いえいえ そうじゃ なくて……
僕の場合 毎朝1回と決めて 続いています！ お腹も 引き締まってきた 気がします
がんばってるね！ ということは 辺見くんは 問題ないの？
いえ むしろ 物足りないというか もうちょっと がんばりたいな と
すばらしい！ では辺見くんには 新しいトレーニングを 追加します
「うつ伏せ腹筋」 一緒にやって みましょう

❶ うつ伏せで、腕、足を開いてベターッとつけて
リラックス状態にする。
胸も骨盤も開き、つま先も外に向ける。

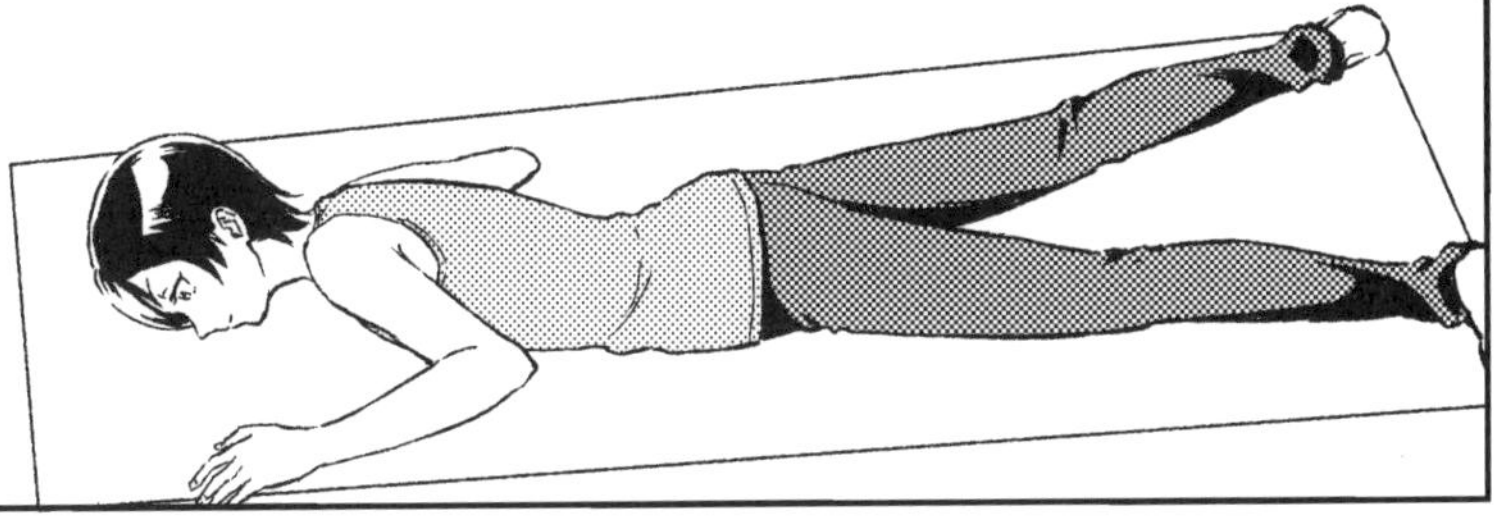

❷ 順番に閉じていく。
ひじを寄せて、腕を閉じ、肋骨も小さくする。
つま先を立てて、足を閉じ、骨盤も閉じる。

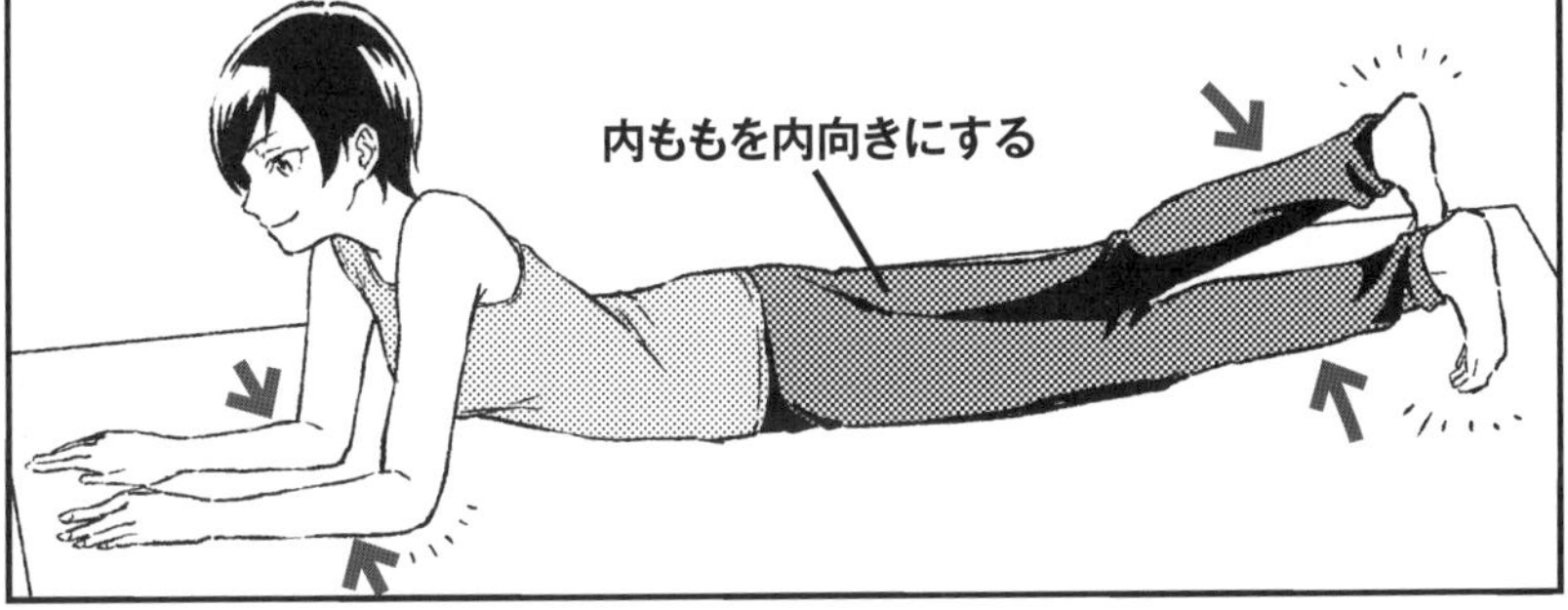
内ももを内向きにする

❸ ❷の状態で、胃を内側にしまうようにして
腹筋に力をキューッと入れる。
すると、自然と身体がもち上がるので、
身体が床と平行になるところでキープする。

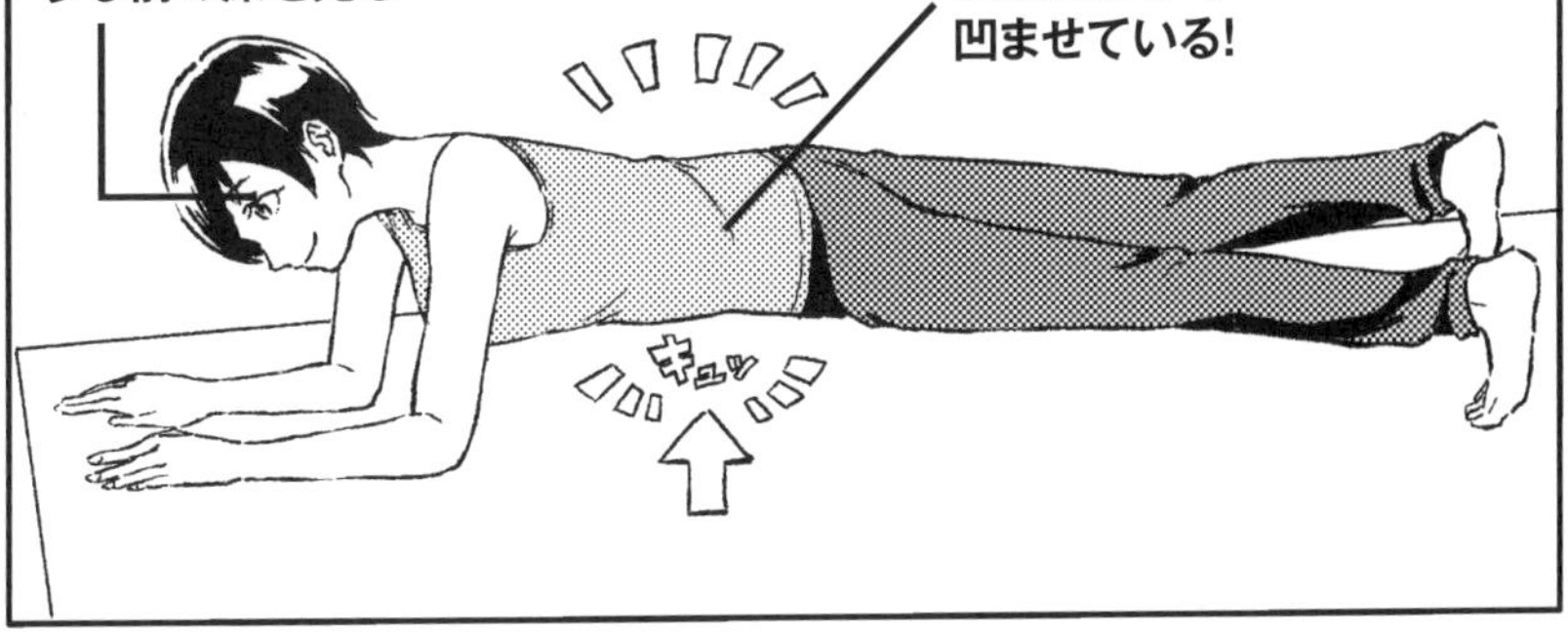
目線は
少し前の床を見る
お腹を締めて
凹ませている!
キュッ

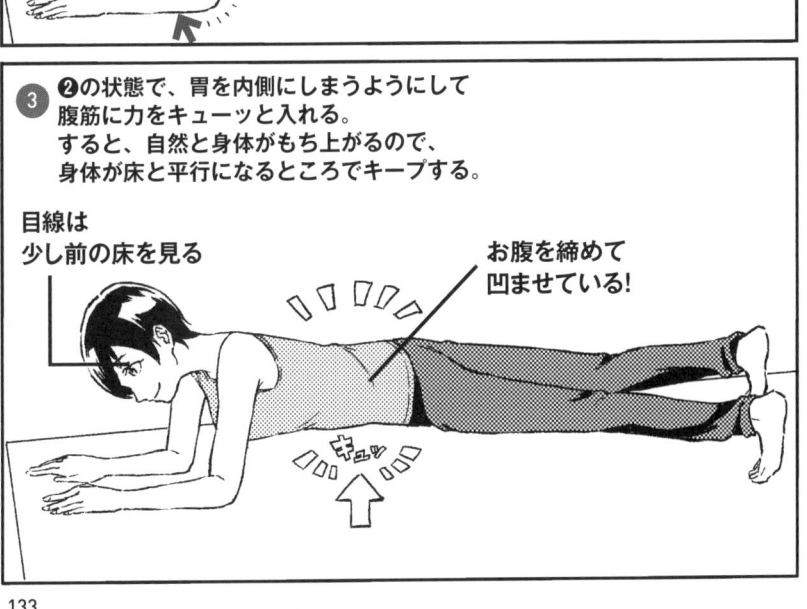

よーし
肩や腕の力は使わないようにね！お腹の力だけを使いましょう
難しい〜！けどやりがいあるなぁ
お腹の力でもち上げられるようになると片脚をもち上げてもぜんぜんブレないでしょ？
うわーすごい！
腕の力はほとんど使っていないのよ
新しい目標ができましたがんばります！

小林さん？いちばん元気ないねどうしました？
あの……気になる下腹《したばら》があまり変わってないような気がして続ける自信がなくなってきちゃったんです
きっとまだ上手にできていないだけだと思うの1つトレーニングを追加してみましょう
えっ？「これだけフッキン」もうまくできないのにですか？
大丈夫！これをやると下腹のあたりに刺激が入るからより効くようになるわ
「ぽっこり解消ストレッチ」をやってみましょう

1 仰向けに寝て、背中を丸めながら、片方のひざを引き寄せる。
もう一方の脚を伸ばして、もものつけ根（腸腰筋《ちょうようきん》）を伸ばす。
足首を立てて、見えない壁を押すようなイメージで行う。

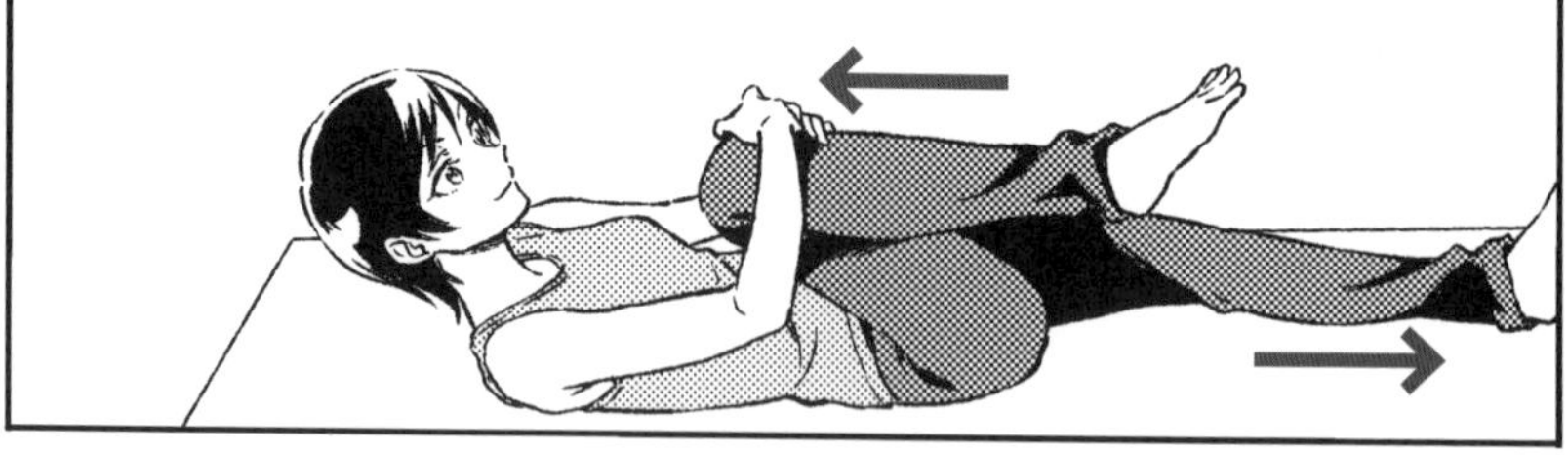

2 脚を替えて、同様に行う。

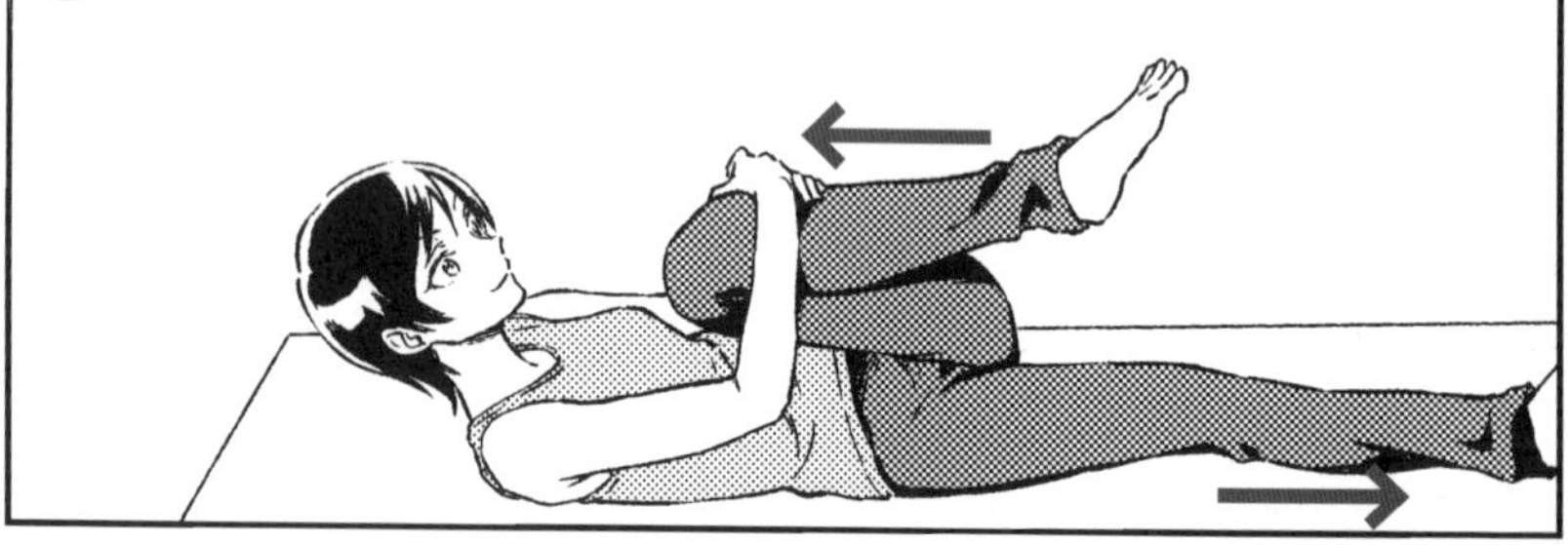

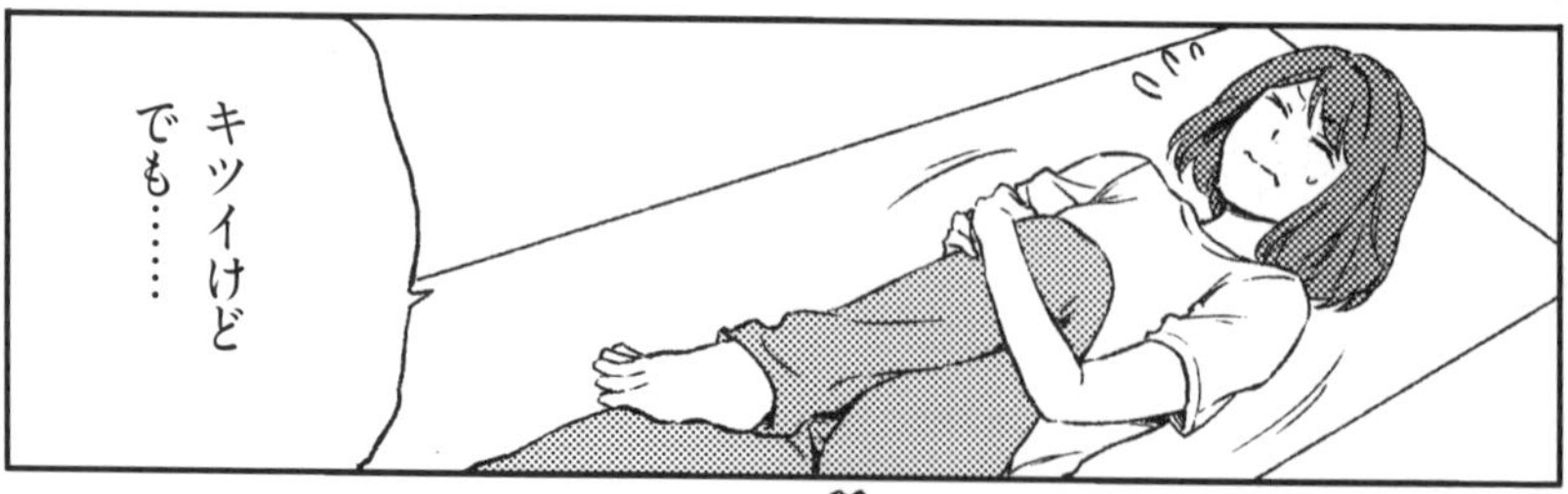
キツイけど
でも……

このもものつけ根が伸びて気もちいい♪
もし背中を起こすのがきつければ頭を床につけたままでもOKよ

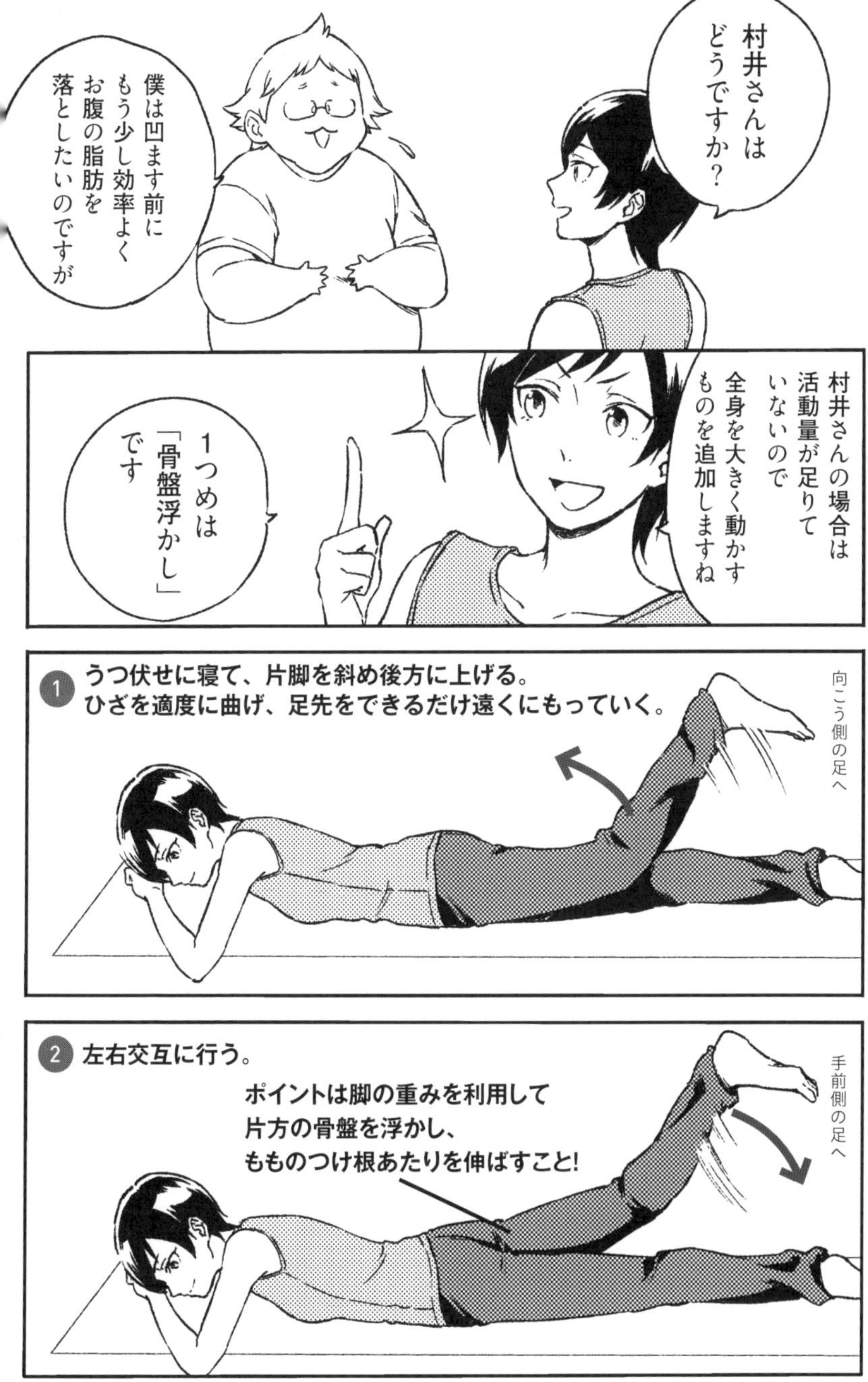
村井さんはどうですか？
僕は凹ます前にもう少し効率よくお腹の脂肪を落としたいのですが
村井さんの場合は活動量が足りていないので全身を大きく動かすものを追加しますね
1つめは「骨盤浮かし」です
1 うつ伏せに寝て、片脚を斜め後方に上げる。
ひざを適度に曲げ、足先をできるだけ遠くにもっていく。
向こう側の足へ
2 左右交互に行う。
ポイントは脚の重みを利用して
片方の骨盤を浮かし、
もものつけ根あたりを伸ばすこと!
手前側の足へ

で―――ん
うー……
できてますか……??
無理しなくていいですよ
でもできるだけゆっくり大きく動かしてみてね
あと呼吸しながらやってね
う
ははい
よし
村井さんにはもう1つ究極の運動を教えましょう
その名も「バンザイゴロゴロ」です！
バーン
?

仰向けに寝て
バンザイして……
そのまま
左にゴロゴロ～
右にゴロゴロ～
ゴロ
ゴロ
ゴロ
ゴロ
両手でタオルをもって
ピーンと張ると身体を
伸ばしやすくなりますよ
脚は内ももに力を入れて
しっかり閉じてくださいね
はい、まわりまーす！
これ
運動ですか？？
ゴロ
ゴロ
ゴロ
圧倒的に
運動不足な
村井さんには
必要よ
でもこれ
辺見くんや
小林さんにも
実は
おすすめ！
筋トレ前のいい
準備運動になるので
「これだけフッキン」を
やる前にゴロゴロ
してみてね♪

生活スタイルに合わせて継続することが大事

効果が出てくるのは、筋肉の使い方がわかってから

お腹を凹ませてかっこよくなりたい、痩《や》せて健康になりたい、というモチベーションはある！――なのに、これまで何度「お腹凹ませ」にチャレンジしても、挫折してきたという皆さん。最初の1週間は調子よく続けられるのに、その後は、2日に1回になって、3日に1回になって、1週間に1回になって……結局、断念。でも、ちょっと待ってください。どうしていつも続かないのか、その理由をきちんと考えたことはありますか。

ごく短期間で、目に見える成果を求めてはいませんか？
そもそも無理のあるトレーニング計画になってはいませんか？

こうしたトレーニングは、1週間やればかならず結果が出る、という期間限定のもので

はありません。一朝一夕《いっちょういっせき》に結果が出るということは、残念ながら、ほぼあり得ないのです。

その代わり、「これだけフッキン」の場合は、正しくできるようになってからは1週間も続ければ、まず自身の身体に対する意識が変わりはじめ、徐々に筋肉の動きがわかるようになってきます。そして、少しずつですが、代謝も上がってきます。

ですから、トレーニングの効果が出るようになるのは、筋肉の使い方がわかってからということになります。2週間で効果を実感できる辺見くんのような人もいれば、同じようにがんばっていても効果を実感できない小林さんのような人もいるのは、この感覚をつかむまでの時間に個人差があるからです。目的の筋肉をしっかり使っていくためには、準備が必要というわけです。

一方で、動かし方がわからないまま行っているトレーニングが、まったく意味がないかというと、けっしてそんなこともありません。動かすことで、サビの箇所が明確になりますし、筋肉への刺激はいずれ成果となって表れます。

また、少しずつ結果が出はじめたころに、目線を変えたトレーニングを増やすというのは、より効果を出しやすくするためにも有効です。鍛えたい筋肉を意識したうえでプラスする「ちょい足しメニュー」であれば、効率よく効果を上げていくことができるでしょう。

1日休んでもOK、やめないことが大事

「これだけフッキン」は、1日1回、毎日続ける、というのが理想ですが、これまで運動習慣のなかった人にとっては、たとえ1回数分の簡単なトレーニングでも、習慣づけるまでには相当の意志の固さが必要となります。

「毎日やる」と決めても、お酒を飲んでしまった、体調を崩してしまった……などさまざまな理由でできないこともあるでしょう。そのようなときに、「やると決めたんだから、とりあえずやっておこう」という気持ちでこなしてしまうようであれば、その日は、思い切って休んで、次の日から、またはじめるようにしてください。1日、2日やらない日があっても、そこでやめてしまうよりは、全然いいのです。

やめてしまったら、そこで終わりです。

もとのサビついて動かない身体、脂肪を蓄積しやすい身体へと戻ってしまいますが、続けていけば、その努力は決して裏切りません！

第4章

いつでもどこでもできる［お腹凹ませ生活］

本気で凹ませたいなら、生活習慣を見直すことも大事。
常にお腹を「締めて凹ます」ことを意識した、
お腹凹ませ生活を目指しましょう。

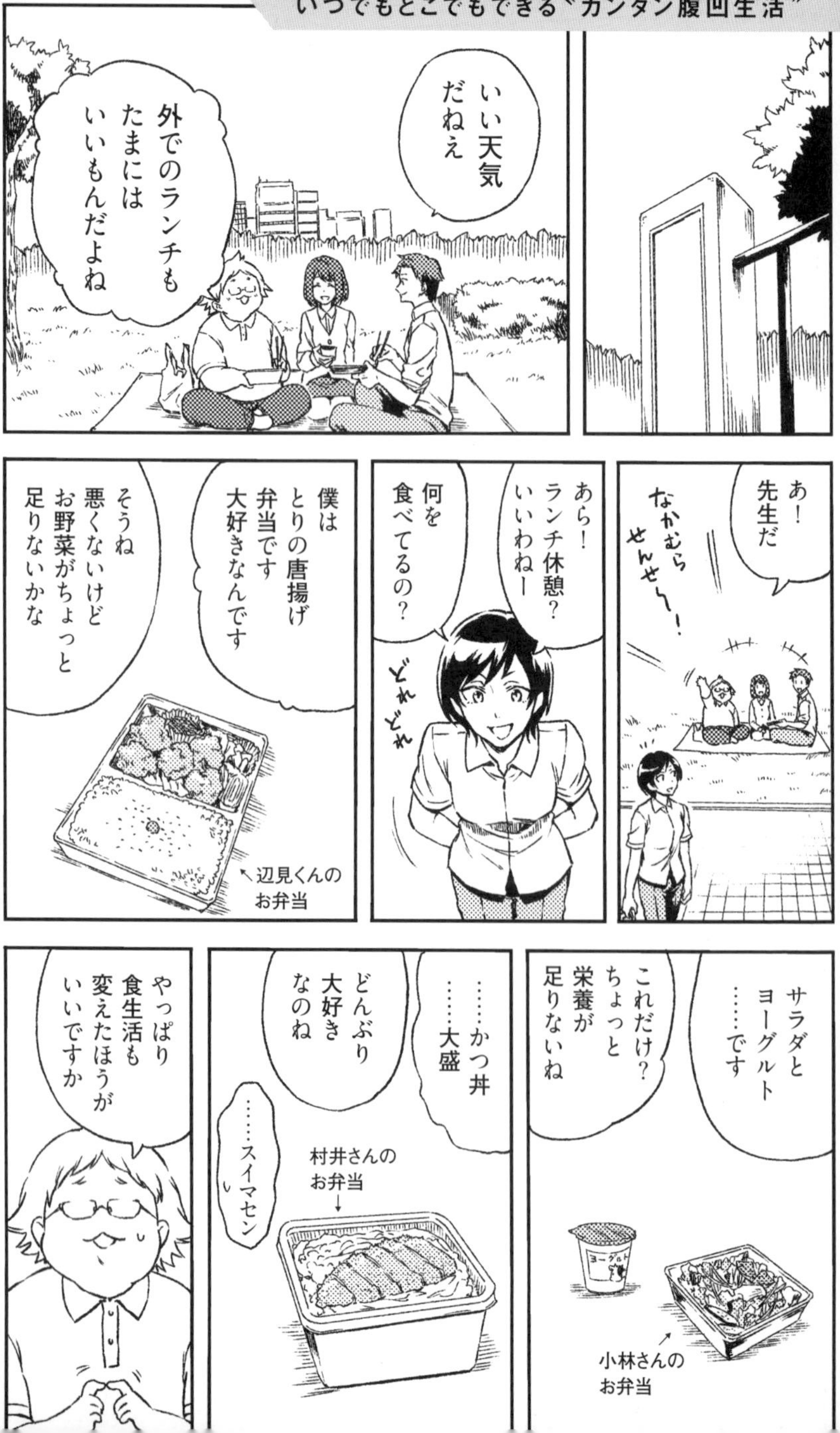
いい天気だねえ
外でのランチもたまにはいいもんだよね
あ！先生だ
なかむらせんせ〜！
あら！ランチ休憩？いいわねー
何を食べてるの？
どれどれ
僕はとりの唐揚げ弁当です大好きなんです
そうね悪くないけどお野菜がちょっと足りないかな
辺見くんのお弁当
サラダとヨーグルト……です
これだけ？ちょっと栄養が足りないね
ヨーグルト
小林さんのお弁当
……かつ丼……大盛
どんぶり大好きなのね
……スイマセン
村井さんのお弁当
やっぱり食生活も変えたほうがいいですか

そうね
見た目にお腹を凹ませるというだけでなく
心身ともに健康な身体を手に入れたいなら
運動だけでも食事だけでもダメなのよね
どっちも大切なの
「糖質」オフがいいって聞いたからとりあえず炭水化物抜いておけばいいかなって……
過度な食事制限はあんまりよくないわ
筋トレして筋肉がちゃんと働くようになれば代謝もよくなるから
ですよね
僕は身体が軽くなってきたのがうれしくてまたフットサルをはじめたんですけど
運動したあとのビールは最高で……
週1ペースでけっこう飲み食いしちゃってるんですよね
あはは
それぐらいはよしとしましょうよ
運動も食事もストイックになり過ぎると続かないよ

完璧じゃなくても続けることのほうがずっと大事！
それはみんなが身をもって証明してくれたものね
ベルトの穴ひとつ分お腹凹みました！
着たかったワンピースが着られます！（下腹スッキリ）
学生時代のGパンが履けるんですよ！
特別クラスは終わっても「これだけフッキン」は続けます！
素晴らしい！がんばってね！
そうだ最後にもう一言だけ
日常生活から改善していけばお腹はもっと凹みやすくなるしリバウンドすることもなくなりますよ！
え……
日常生活……
どうすれば……？
いえいえ
そんな難しいことじゃなくて

たとえば仕事中……

あれ もってきて
この資料を●●さんまでよろしく
これを自分でやるようにすれば活動量が増えるでしょ
そうか!

キュッ!

さらに!「これだけフッキン」でしつこくやってきた「お腹を締めて凹ます」これを日常生活の中でも常に意識してみて!

座っているときや立っているときも「お腹を締めて凹ます」を意識しましょう!

キュッ!

キュッ。

これだけでいつでもどこでも腹筋を使っていることになるから地味だけど実はすごく効果的なのよ!

なるほど〜

それならできそう!

それにね特別クラスは終わるけどわたしはいます!

いつでも気軽に相談に来て! 待ってるよ
それじゃこれからも〝お腹凹ませ生活〟続けていくわよ〜♪

はーい!

「気づき」で習慣は変えられる

頭の固い人は身体も硬くなる

体型は、過去のあなたの生活習慣や食習慣そのものです。ですから、お腹が出ている人たちに対し、「日々の生活を見直して、少しずつ改善していきましょうね」とアドバイスすることはよくあります。

ところが、それぞれの人にとって、すっかり習慣として定着していることを変えるのは、けっして簡単なことではありません。

いくら「こうしてください」「このほうが痩《や》せますよ」といわれても、自身の中で明確な「気づき」がないと、本気で変革を実践するまでには至らないものです。

仮に、いわれたとおりにすんなり習慣を変えることができたとしても、「なぜ」がわからないまま、納得もしていないままでは、長続きせず、すぐに自己流に戻ってしまうで

しょう。それほどに、ずっと続けてきたことを変える、というのは大変なことなのです。

そして、この「気づき」のためには、「実感」が何よりの納得材料となります。

たとえばマンガの辺見くんのように、自分が常に前かがみ姿勢になっていたことに気づくことも、習慣を変えるいいきっかけとなります。心から腑《ふ》に落ちて、意識が変わり、その結果として行動や思考を変えるということになれば、それは新たな習慣として根づくはずです。

新しいことにチャレンジするのは、たしかに勇気のいることです。

こだわりが強過ぎる人は頭も固く、頭の固い人は、身体もどんどん硬くなってしまいます。これは、多くの人たちを指導してきた経験から確信していることです。

今ある問題＝お腹が出てきたという体型から目をそらさず、しっかり正面から向き合って、そのうえで、楽しみながら試してみてください。

お腹凹ませの「これだけフッキン」も、まずはやってみてください！　身体がコントロールできないとうまくできない、などといったことを含めて、わかること――「気づき」がきっといろいろあるはずです。

身体によい食事 五味・五色・五法とは?

「糖質制限」は太りやすい身体をつくる?

トレーニングの効果をより確実なものにするためには、食事もそれぞれの体力や生活スタイルに合わせて見直していくことが必要でしょう。

暴飲暴食しないのは言わずもがな、だからといって、極端な食事制限はやはりお勧めできません。巷《ちまた》では、糖質オフやグルテンフリーなど、さまざまな食事法がダイエットによいとされて取り上げられ、次々と注目を集めています。

これらの方法がすべて悪いわけではありませんが、正しい知識をもたないまま「何となく痩《や》せられそう」というイメージだけで、安易に取り入れてしまうのは危険です。

たとえば、糖質オフにしても、「糖質＝炭水化物や甘いもの」と画一的にとらえて、それらを「一切食べない」としている人を見かけますが、これは正しくありません。

糖質は、摂取しなければ痩せる、というものではないのです。

そもそも糖質とは、「炭水化物から、消化吸収されない食物繊維を除いたもの」であり、人間にとっては重要なエネルギー源です。ですから、糖質が不足すると、筋肉を分解してでもエネルギー源をつくり出そうとするため、筋肉量が減り、代謝も低下して、むしろ太りやすい身体になってしまう可能性が高いのです。

とはいえ、正しい知識に基づいて食事を考えるのは、誰もができることではありません。そこで、難しい栄養学の知識がなくても、身体に必要な栄養をバランスよく摂取することのできる、昔ながらの考え方をご紹介します。

――それが、「五味《ごみ》・五色《ごしょく》・五法《ごほう》」です。

五味とは、人間の舌が感じることのできる5つの味のことで、「甘い、辛い、酸《す》っぱい、塩辛い、苦《にが》い」。五色は、食べものの色のことで、「赤、緑、黄、白、黒」。五法は、調理法のことで、「焼く、煮る、蒸す、揚げる、生」です。

1回の食事でこれらすべてを摂り入れることができなくても、日ごろから「五味・五色・五法」を意識して食材やメニューを選ぶようにしていくと、自然とバランスのよい食事に整えられますよ。

「食べない」より、何をいつ「食べる」か

「コンビニ食」も「間食」も食べ方次第

現代の食生活は、年代を問わず、コンビニ食が当たり前になっています。コンビニには、お弁当やお惣菜、パンから甘いものまで、食べたいと思ったものは何でもあります。消費者の嗜好に合わせて研究し尽くされているだけあって、一度食べると、次もまた食べたくなる、やみつきの味といっても過言ではありません。

一方で、糖分や脂質が多過ぎるなど、栄養的な偏《かたよ》りやカロリー過多のものが多いのも事実です。でも、コンビニ食に慣れた現代人にとって、便利で美味しいコンビニ食をやめるというのは、かなり難しいことでしょう。**であれば、食べるタイミングで、食べる量や食べるものを工夫することで調整してみてはいかがでしょうか。**

たとえば、朝は、デトックスの時間帯。酵素を豊富に含む果物やヨーグルトなど、でき

るだけ消化吸収のよいものを食べて、1日の活動に備えます。

昼は、エネルギーをつくり出す時間帯。日中に活動する人であれば、エネルギー源となる炭水化物中心のご飯やパスタをしっかり食べて大丈夫な時間でもあります。

さらに、「15時のおやつ」は、昼に摂取したエネルギーが代謝に使われ、足りなくなってくるころなので、チョコ1粒、クッキー1枚程度の甘いものの摂取には、まさにベストなタイミング。糖の摂取で集中力もアップします。

夜は、蓄えて、身体をつくる時間帯。1日の最後の食事ということで、つい多めに食べてしまいがちですが、あとは寝るだけなので、余分なエネルギーはもう必要ありません。筋肉や血をつくるために必要な良質なたんぱく質を、肉や魚や大豆から摂るようにします。

また、食べたものの消化吸収にはけっこうな時間がかかります。少なくとも寝る2時間前までには食事をすませておくようにしましょう。

ちなみに、1日3食、さらには間食や夜食まで食べるとなると、胃腸は24時間ほぼフルで稼働していることになります。現代人は、いろいろなものをため込み過ぎる傾向にあります。お腹具合も例外ではありません。いつもお腹いっぱいにしておくのではなく、ときには空腹を感じるほど胃の中を空っぽにして、休ませてあげてください。

寝るべき時間にきちんと寝る

ぐっすり眠るには「肉体的な疲れ」が一番

日本人の睡眠時間は全国平均でおよそ7時間30分。これは世界的に見てもかなり短く、睡眠が足りているとはいえない人が多いことの表れともとれます。

一方で、睡眠（十分な休養）は、適度な運動や栄養バランスのよい食事とともに、「健康の三大要素」とされているほど重要で、夜に十分な睡眠をとることはとても大切です。

これは、22時～翌2時の4時間が、成長ホルモンの分泌がとくに活発になるゴールデンタイムだからです。成長ホルモンは、筋トレなどによりダメージを受けた筋肉を修復し、新しい筋肉をつくるのに使われるため、この時間帯に眠ることが重要なのです。

ところが、皆さんの中には、夜なかなか眠れないといった不眠の悩みを抱えている人も少なくないのではないでしょうか。実際、最近の睡眠満足度の調査(厚生労働局「平成26年国民健康・栄養報告」より)を見てみると、30代前半から40代後半の働き盛りの世代で、およそ3割もの人が睡眠に不満をもっているという結果も出ています。

でも、眠れないからといって、ベッドの中でスマホや携帯のメールやSNSをチェックしたり、気になるニュースを検索したりしてはいませんか。これらの行動は、不眠状態をさらに悪化させてしまいます。

休もうとしている脳に、新しい情報や刺激が送られることで、交感神経が高まり、ますます眠れなくしているのです。スマホの画面を照らすブルーライトも、朝日と同じ質の光であるともいわれ、脳を目覚めさせてしまうほどの刺激があるとされています。寝る前のスマホいじりは避けたほうが賢明です。

それでも、いよいよ寝られないというときは、運動不足かもしれません。子どものころ、外で目一杯遊んだ日の夜はよく眠れたことからもわかるように、人間は、肉体的に疲労すると眠気を感じるようになっています。

日中しっかり身体を動かして、十分に身体を疲れさせることができれば、きっとぐっすり眠れるはずです。

いつでもどこでも身体は鍛えられる

お腹を「締めて凹ませた」状態で行動する

あなたは、ふだんの生活の中でどれぐらい動いているでしょうか。改めて、自分の日常を振り返ってみると、いかに「動いていない」かに気づき、愕然《がくぜん》とするのではないでしょうか。でも、ほとんど動いていない日常であればあるほど、動くチャンスがたくさんあるともいえます。

また、立つ、座る、歩くといった日常動作のすべてを、インナーを使って「お腹を締めて凹ませた」状態で行うようにします。

たったこれだけのことですが、エネルギー消費量はアップします。どこかに行かないとできない運動ではなく、どこにいてもいつでもできるようにしていくことが大切です。この小さな努力の積み重ねが「お腹凹ませ」につながります！

●歩くときは、できるだけ大股で！

前を見て背すじを伸ばし、インナーを使って引き上げた姿勢を保ちながら、できるだけ大股で歩くようにします。足裏（母指球《ぼしきゅう》）で大地をしっかり蹴《け》って、力強く歩きましょう。ちなみに、階段を上るときは、一段飛ばしが鉄則。腸腰筋《ちょうようきん》を使えます。

●座っているときは、ひざを閉じる！

デスクワークや会議中も、ひざを閉じ骨盤を立てて座るようにし、ももを内向きにします。意識して「骨盤を締める」ことがお腹凹ませにつながります。

●立っているときも、無駄にしない！

エレベーターを待っているとき、コピーをしているときなど、ただ立っているときも、お腹を締めて凹ませて立つようにします。インナーをしっかり働かせます。

●部下に頼むのをやめて、自分で行く！

「●●買ってきて」「●●もって行って」など、ついつい部下に頼んでしまいがちですが、億劫がらずに自分で行くようにしましょう。

座ったり、立ったりを繰り返すことで、活動量が増えるうえにスクワットと同じ効果が得られます。

編集後記

「お腹を凹ませるには、何回腹筋をやればいいですか？」

「これだけフッキン」はこんな何気ない質問から生まれました。いざやってみると、1回約2分の動きが、想像している以上に「ゆっくりで」「ツライ」ことに驚きましたが……。

私（30代後半の男性です）も体験してみたところ、数日でお腹が締まってきて、2週間で下腹が4㎝凹みました。いつも、ズボンに乗っかったお腹を笑う妻が「その歳でそのお腹は偉いね！」といってくれたので、見た目も変わったということでしょう。

この本は、私のような飲み食いが大好きで食事制限ができない人でもお腹が凹むむ「これだけフッキン」を紹介するためにつくりました。でも、実は裏のテーマがあります。著者である中村先生の〝厳しくも愛のあるレッスン〟を多くの人に伝えることです。

マンガで描かれている熱血指導は、ほとんど実際のものと変わりません（笑）。できない動きがあれば適切なアドバイスをしてくれますし、できたときは一緒に喜んでくれます。

私は中村先生の指導を受けたことで、すっかり運動が習慣になりました。今では週末のランニングが趣味になっているほどで、自分でも驚くくらいに生活スタイルが変化しています。

1日たった2分のフッキンですが、1人のトレーナーのノウハウがギュッと詰め込まれています。そこにはカラダだけでなく、人生を変える可能性すら秘められているのです。

池田書店 編集部